# ¿QUIÉN ERES?

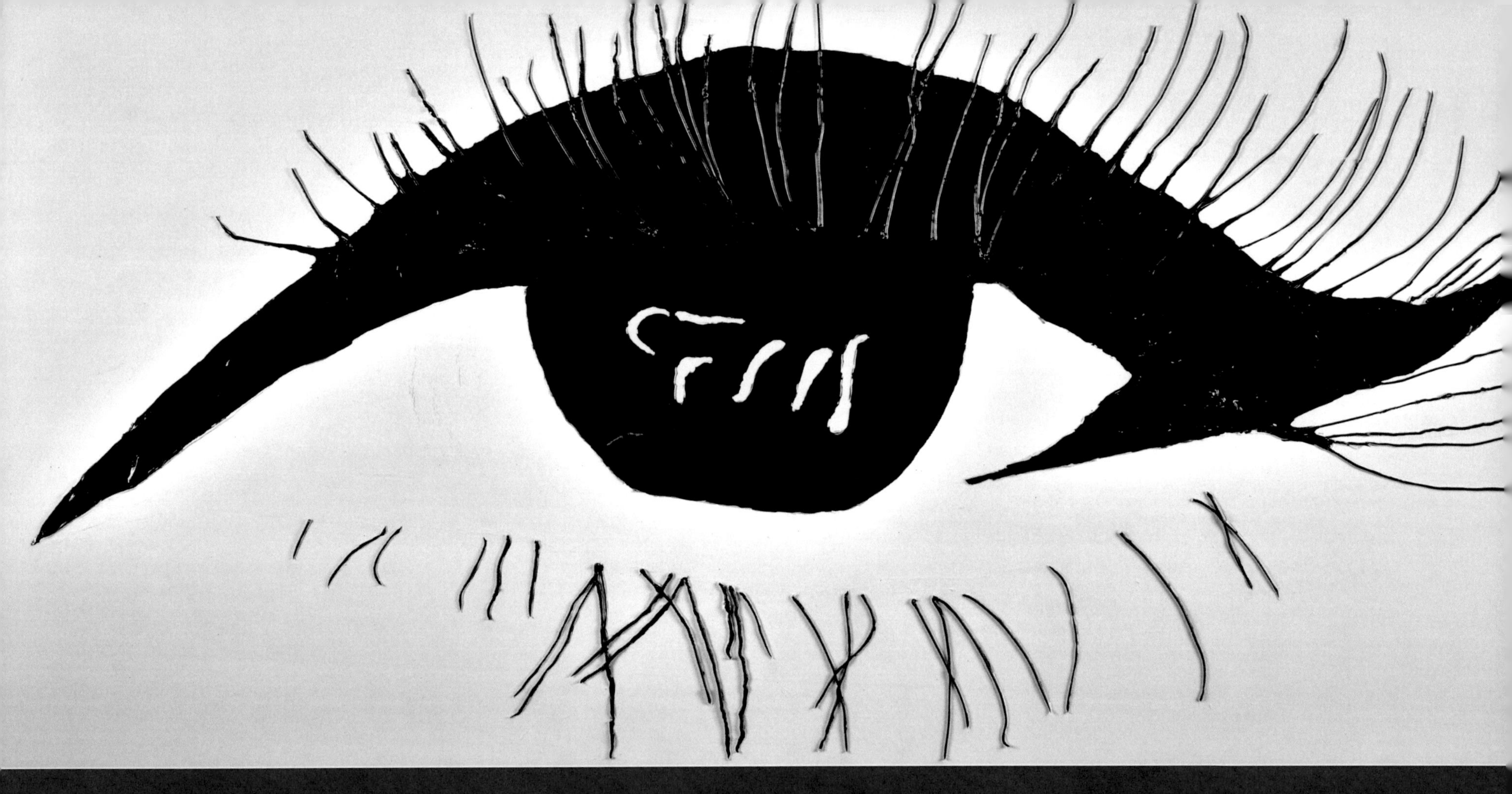
¿Tienes una
mentalidad Crecimiento?

# Mentalidad Crecimiento

La creencia de que
la inteligencia,
las habilidades
y capacidades
pueden desarrollarse
con esfuerzo,
buenas estrategias
ayuda a los demás.

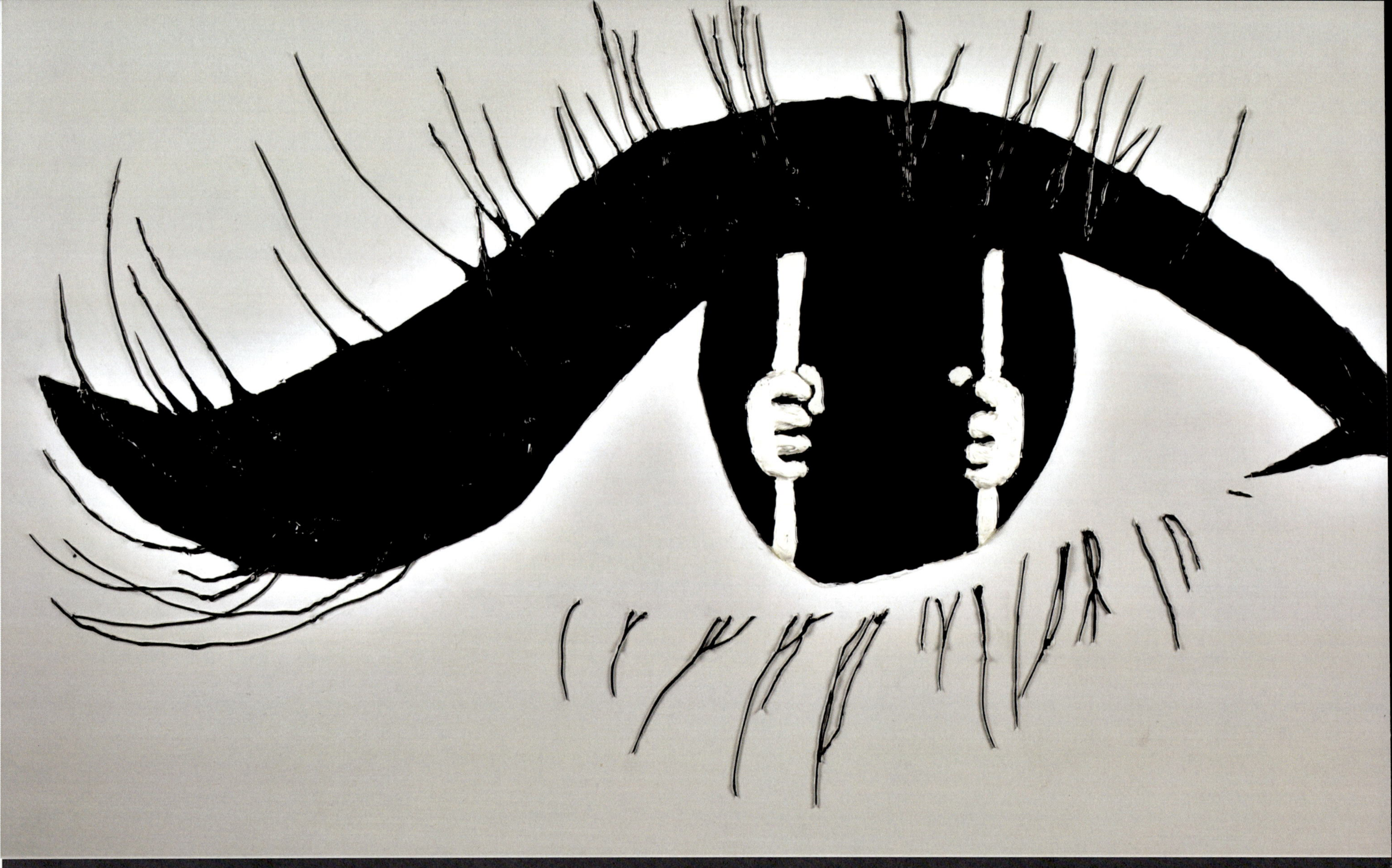
¿O tienes una Mentalidad Fija?

# Mentalidad Fija:

"O soy bueno en algo,
o no lo soy."

"Mis habilidades
lo determinan todo."

"Si fracaso, no avanso.
Siento que las críticas
son personales."

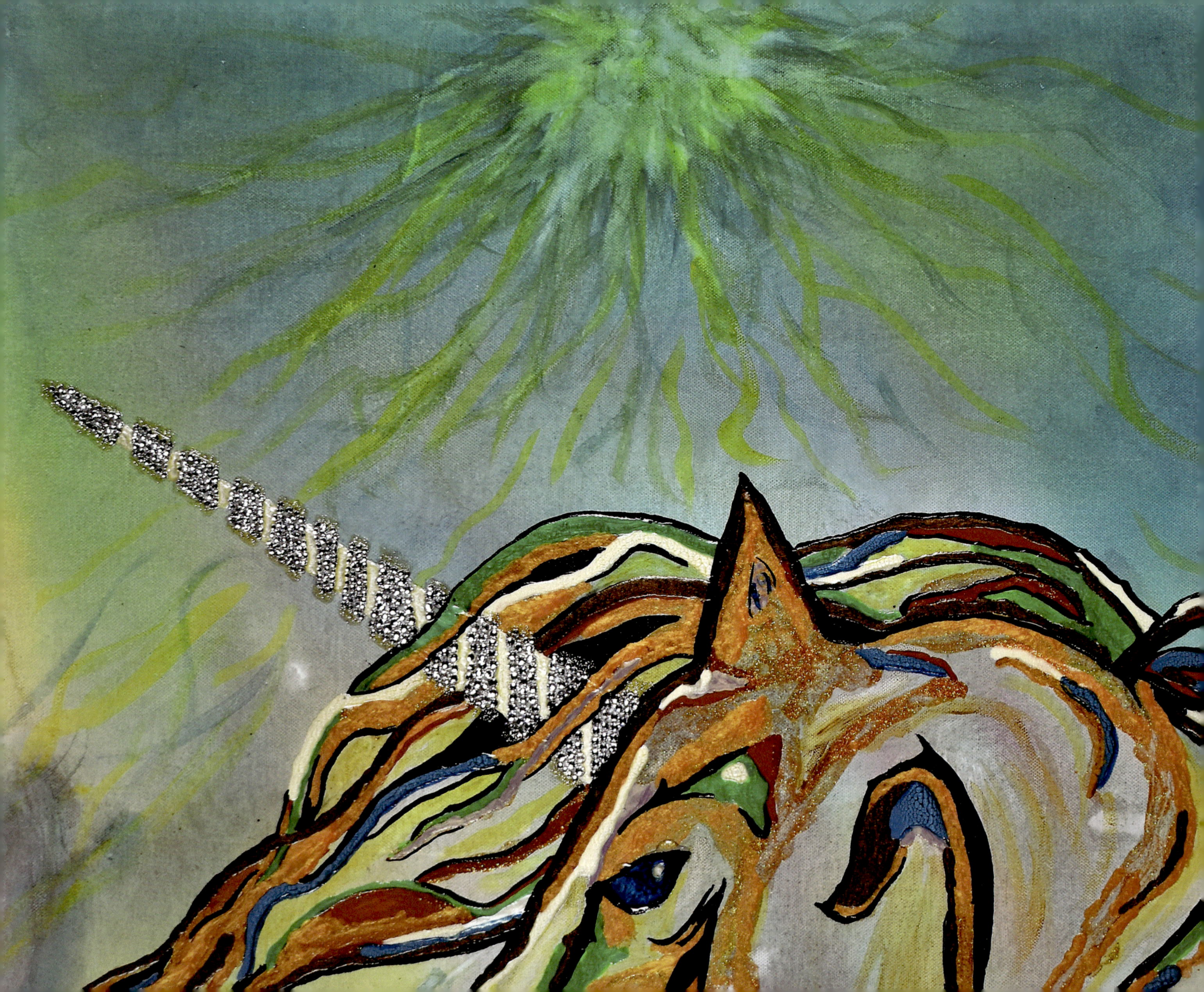

**Tú controlas tu voz interior.**

**Tu mente cree lo que le dices—
¡Así que dile cosas buenas!**

**Dile que eres un Guerrero.
Dile que estás Agradecido.
Dile que eres Amable.
Dile que puedes aprender a ser
increíble en lo que sea.**

Si buscas lo bueno en la vida,
encontrarás cosas que lo respalden.

Si piensas que la vida es una mierda,
también encontrarás
cosas que te hundan.

Elige tu propia Mentalidad.
Dile al guerrero dentro
de ti en qué enfocarse.

Tu vida es 100% tu responsabilidad.

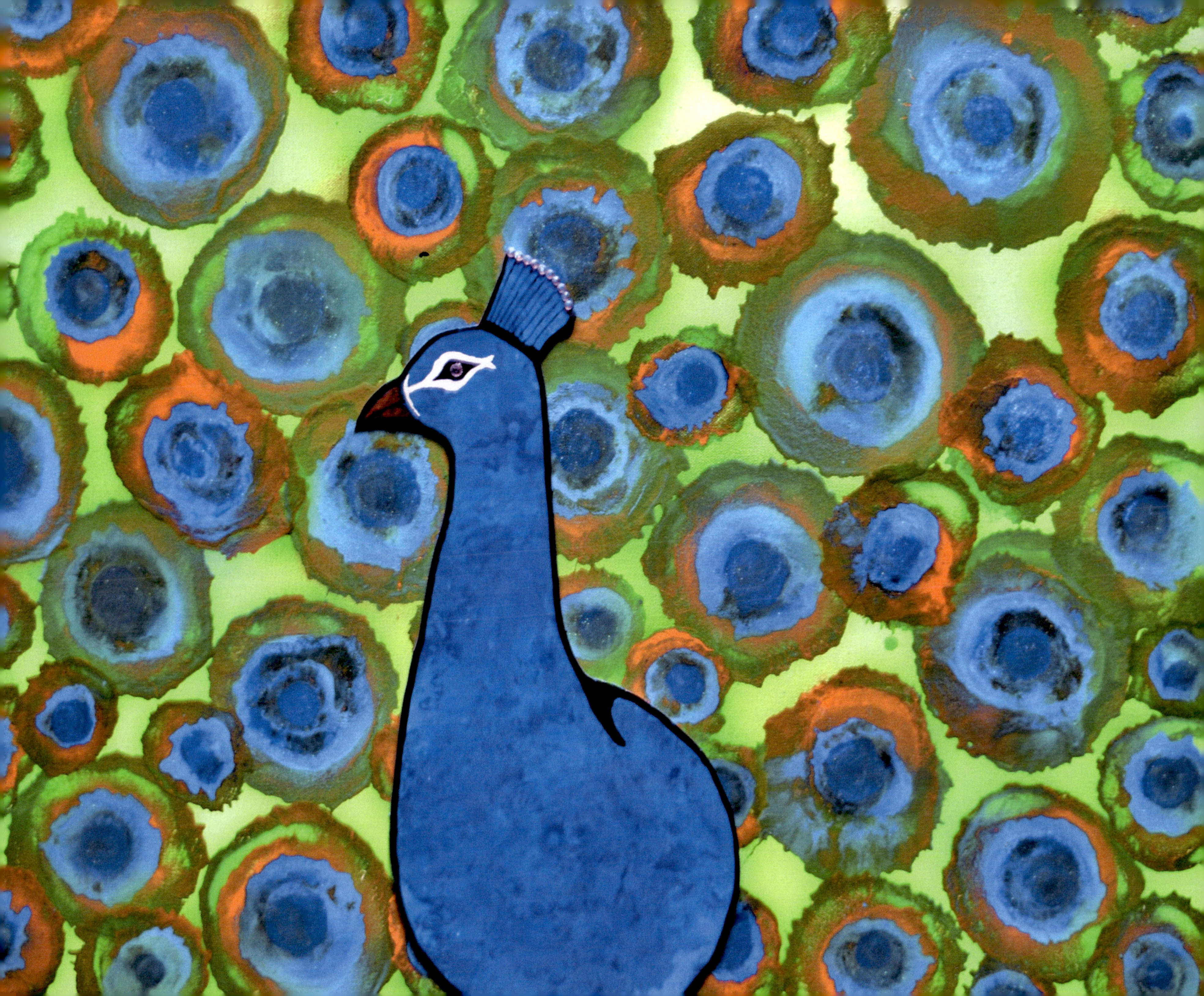

Sé  un cazador de tesoros de gratitud,
alegría, confianza y control mental interior.

Sé de quien quieres que te conozcan.

Haz una lista de lo que
admiras en otras personas.
HAZ ESO.

Haz una lista de lo que
no te gusta de otros.
NO HAGAS ESO.

Elige quién eres.
Admira de quien estés orgulloso.

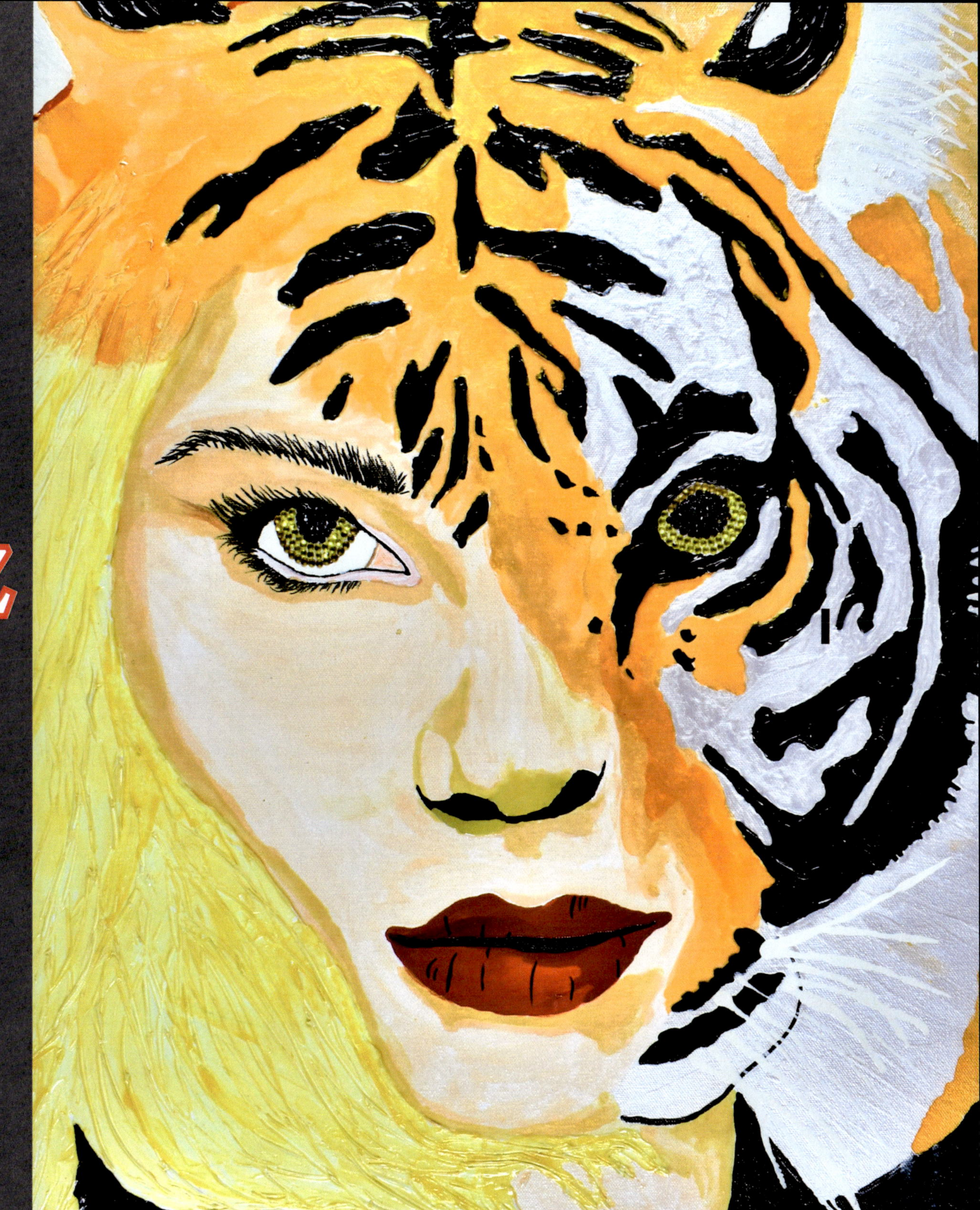
Sé
Feroz

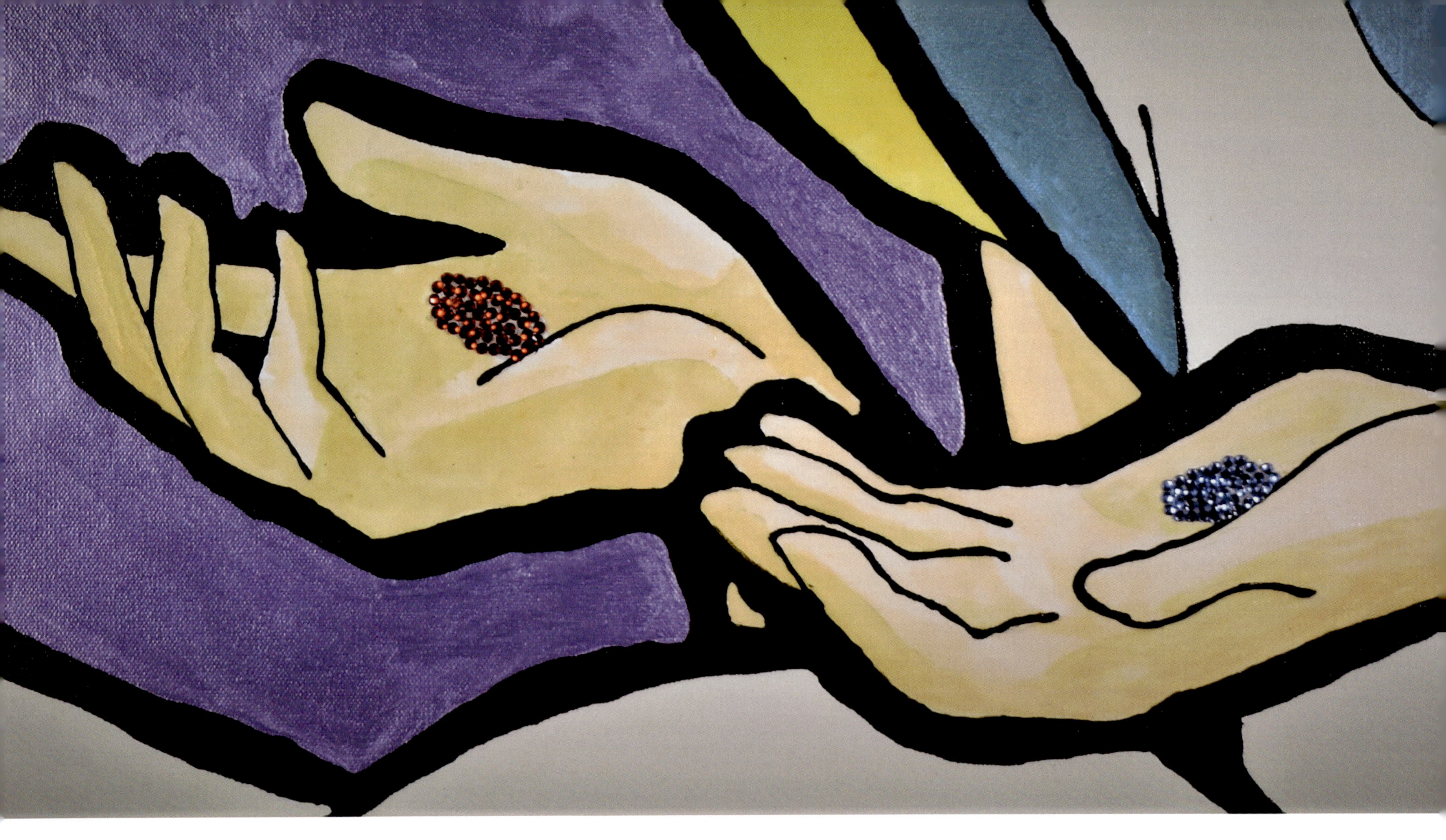

**Elige vivir con propósito.**

Elige sabiamente el
diálogo constante en tu menta.

La indecisión roba oportunidades.

Tu mentalidad debe reflejar
tus esperanzas, no tus miedos.

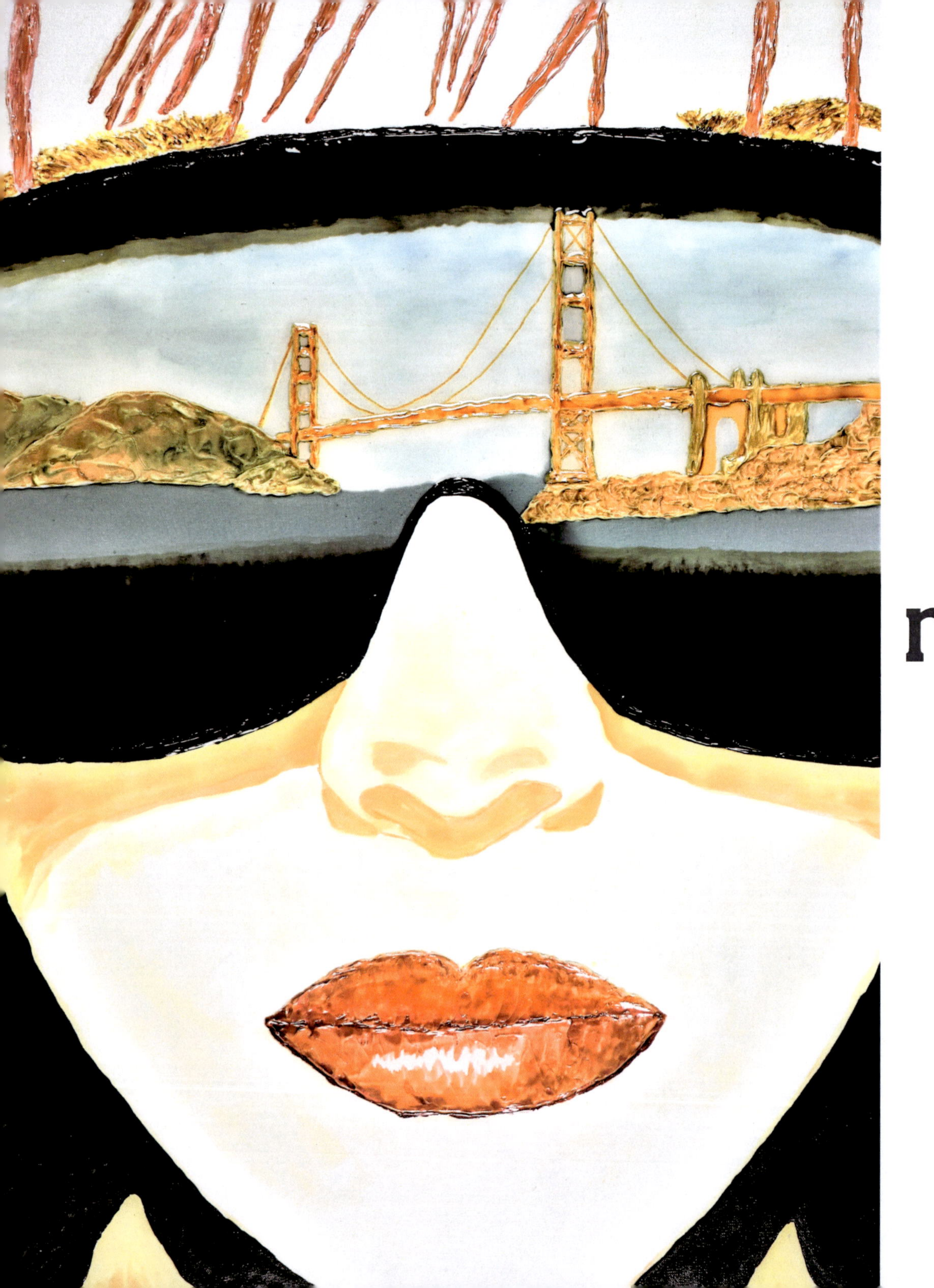

Una mentalidad negativa nunca te dará una vida POSITIVA

# La Mentalidad de Abundancia es anticipar que otros creen los mas posible.

La Mentalidad
de Escasez es
la creencia de que
nunca habrá suficiente,
ya sea dinero, comida,
emociones o amor.

Elige tu Mentalidad:

## Abundancia o Escasez.

Sé decidido
con tus sueños!
y flexible con
tus estrategias.

Nunca será fácil,
pero siempre
valdrá la pena.

Vive con intención.

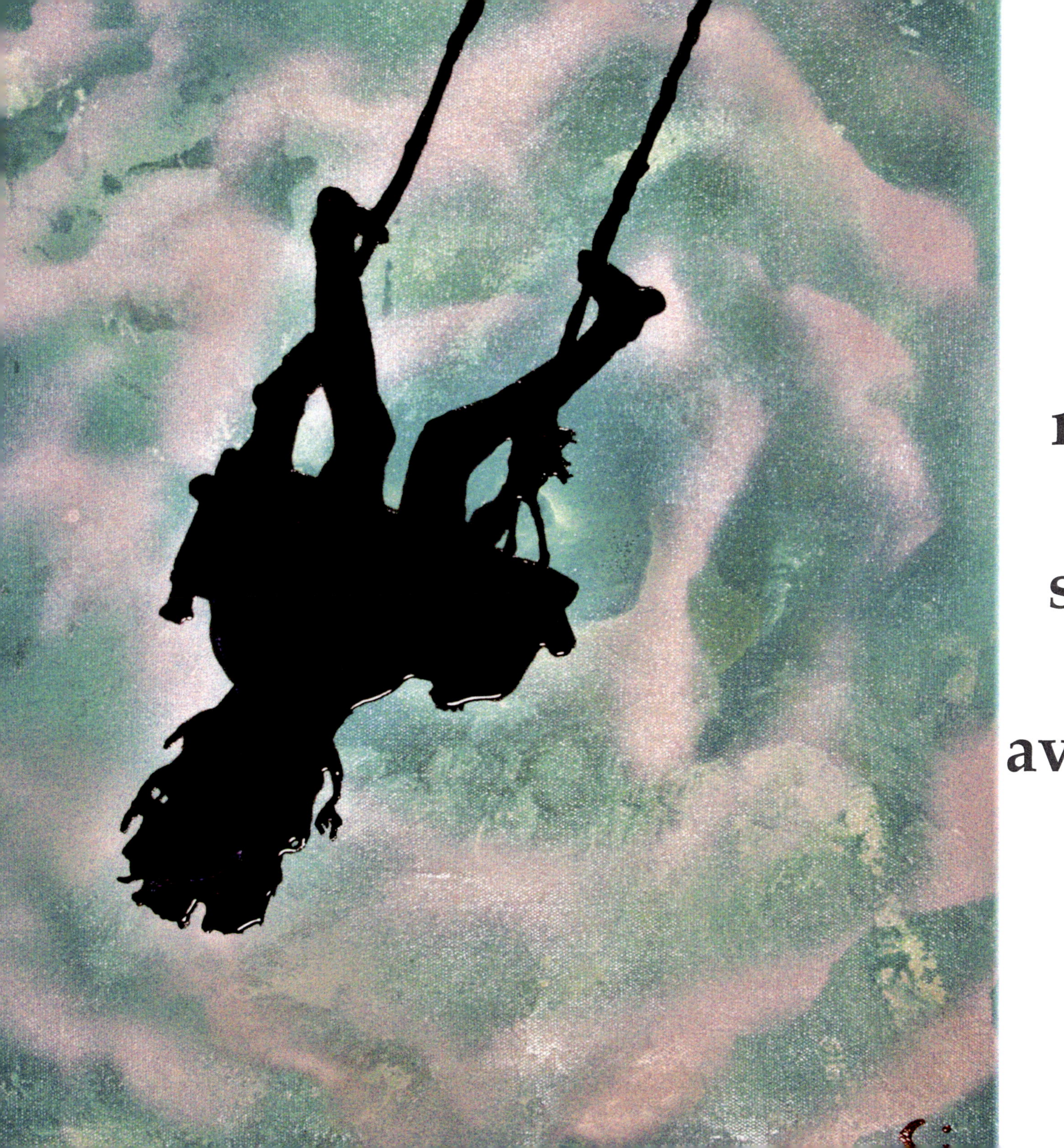
Es más
fácil
navegar
si
siempre
estás
avanzando

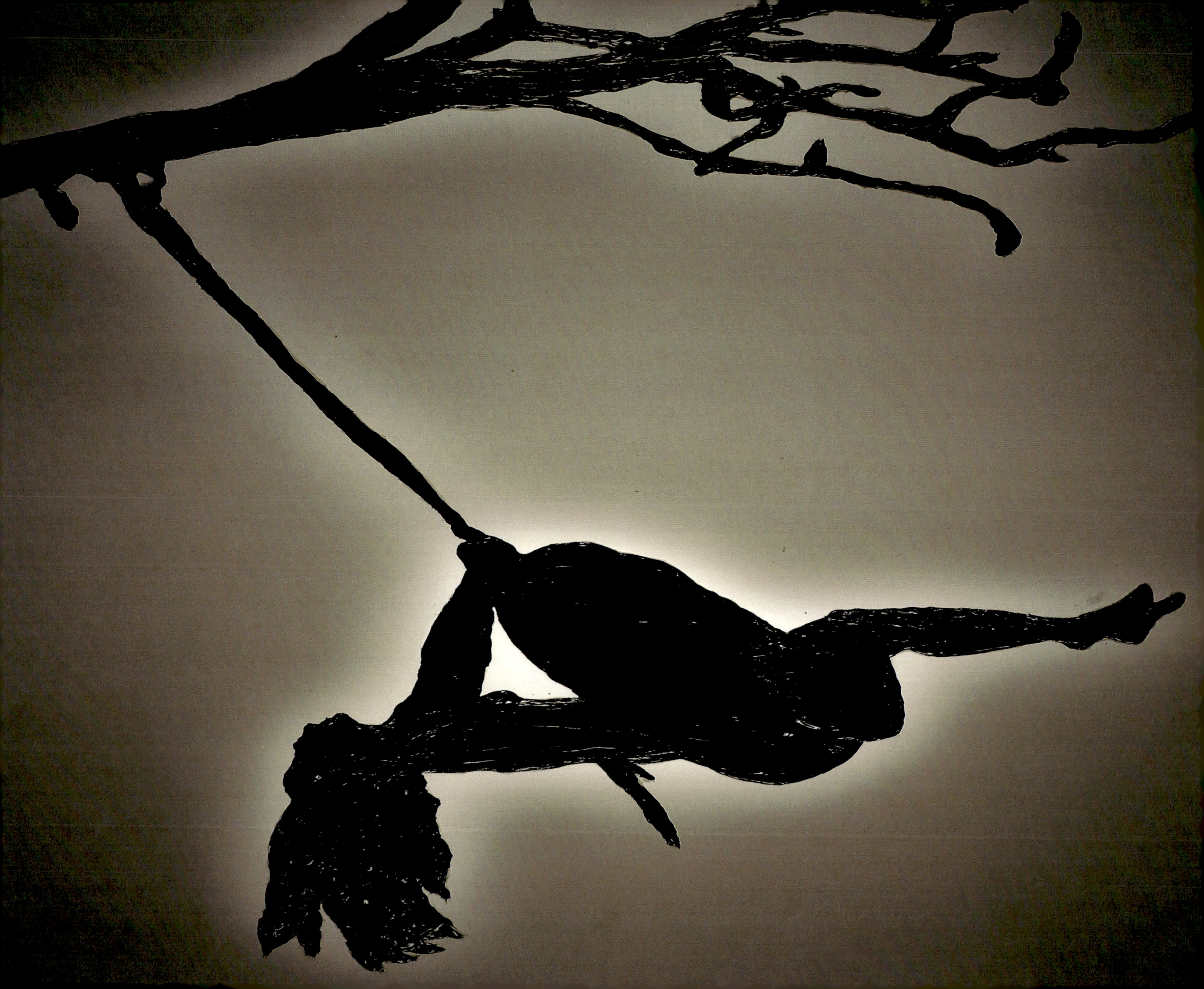

Ser feliz es algo muy privado.
Realmente no debería tener que ver
con los demás.

Nuestros días son más felices cuando
damos a los demás
una muestra de nuestro corazón
en lugar de ofender con nuestra mente.

Ser feliz no significa que todo sea ideal.
Significa que has decidido
mirar más allá de los defectos.

Las personas felices
eligen su mundo interior.
Las personas infelices
condenan el mundo exterior.

Comparte tus pasiones.

Una vida sin pasión es desgarradora.

Juega sin ser consciente de ti mismo.

Las cosas que te inspiran
no son arbitrarias.
Están conectadas
a los deseos
de tu corazón.

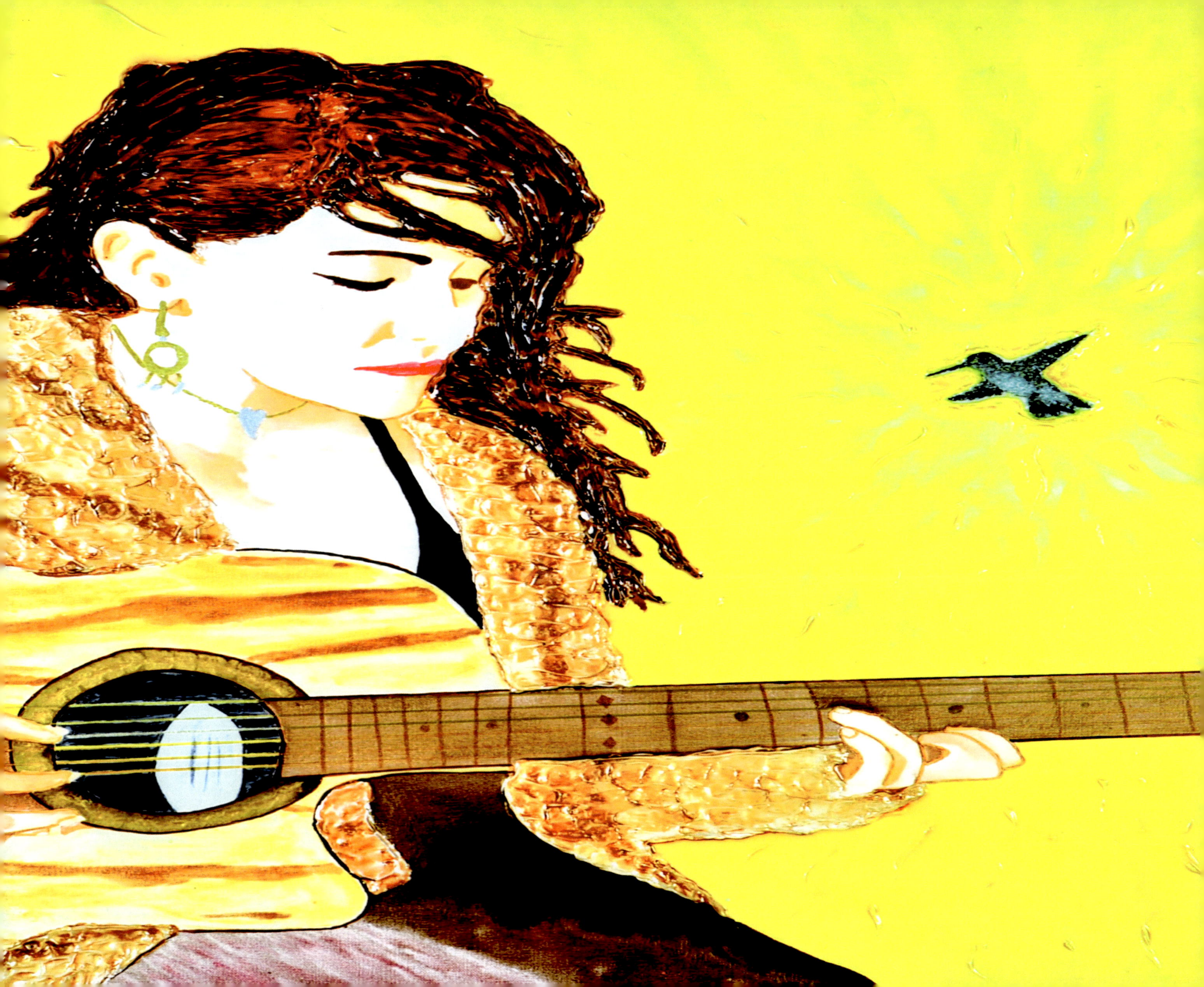

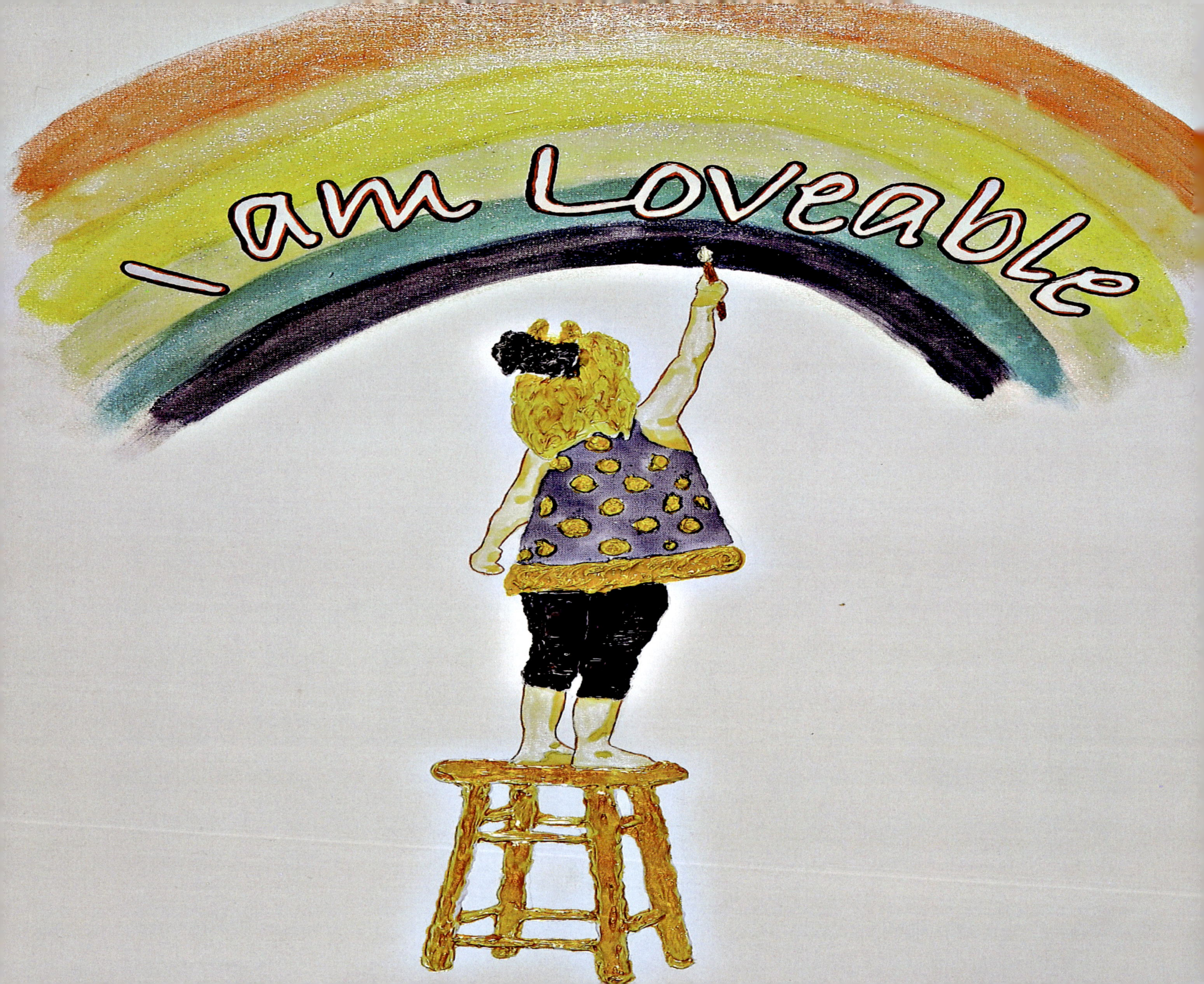

I am Loveable

# Yo soy más
que Suficiente.

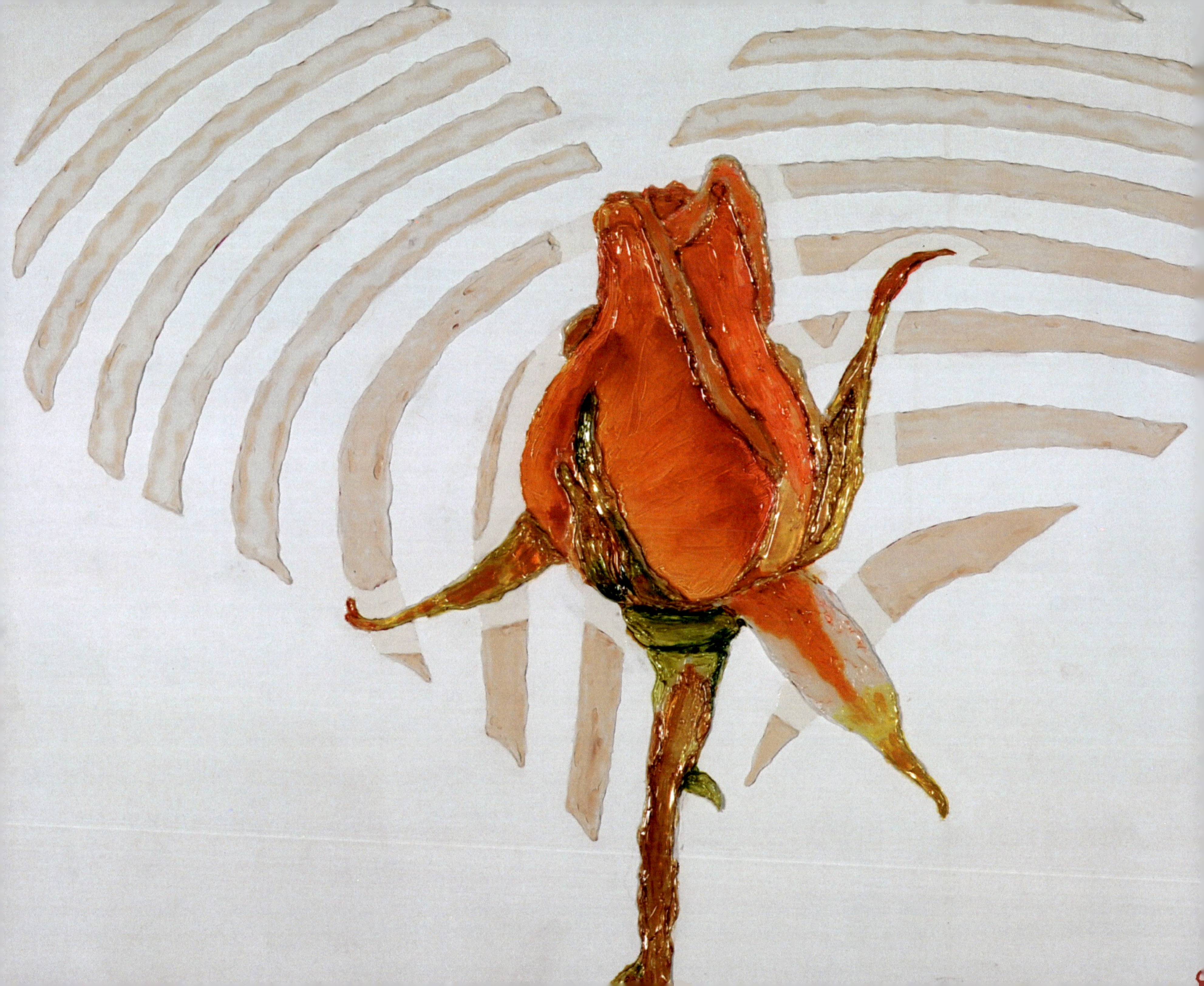

Lo más intoxicante
que existe para un ser humano,
es otro ser humano.

El amor dice: "Viviría por ti."

El amor es una
conexión tan fuerte,
que nunca vuelves
a ser el mismo.

**Defenderte a ti mismo
es AMOR.**

Tú eres mi Reina
y yo soy tu Caballero.

Mataremos nuestros
dragones juntos
y los pondremos
en la hoguera.

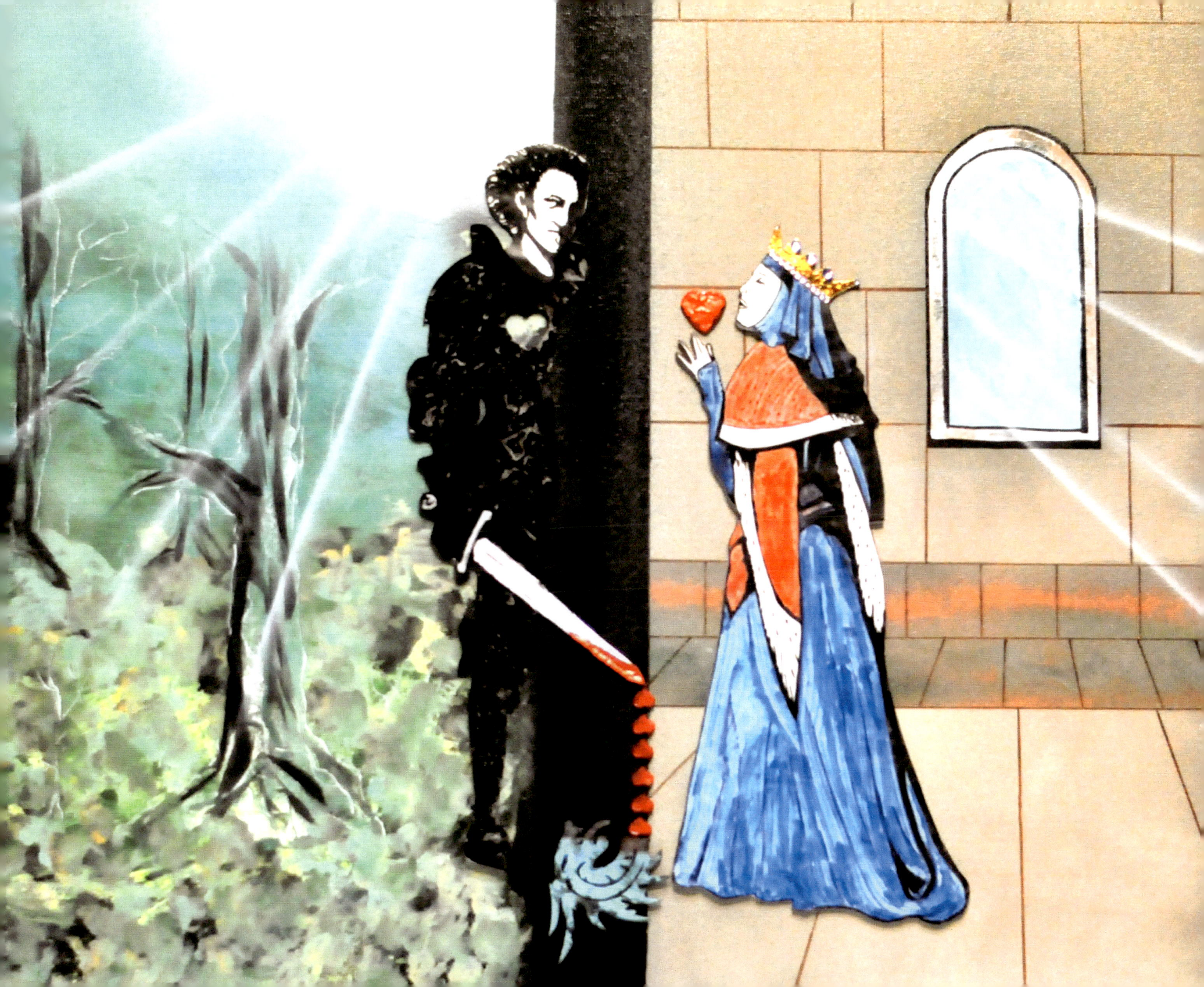

**Piérdete**
en tus propias pasiones,
y será una "pérdida" que
es exactamente
como ser encontrado.

Deja que tus pasiones
ardan más
que tus preocupaciones.

Nunca toques a otra persona
con medio corazón.

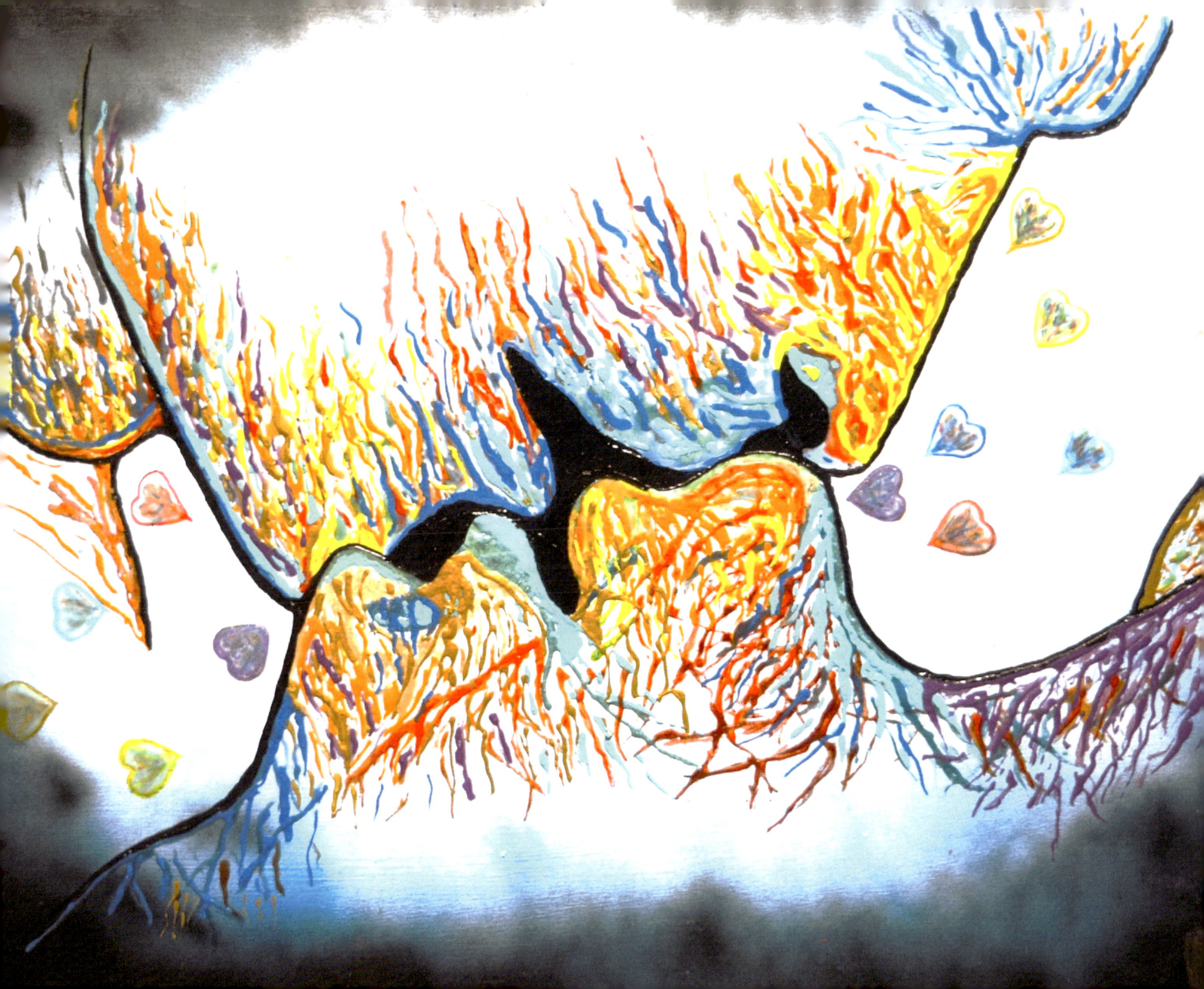

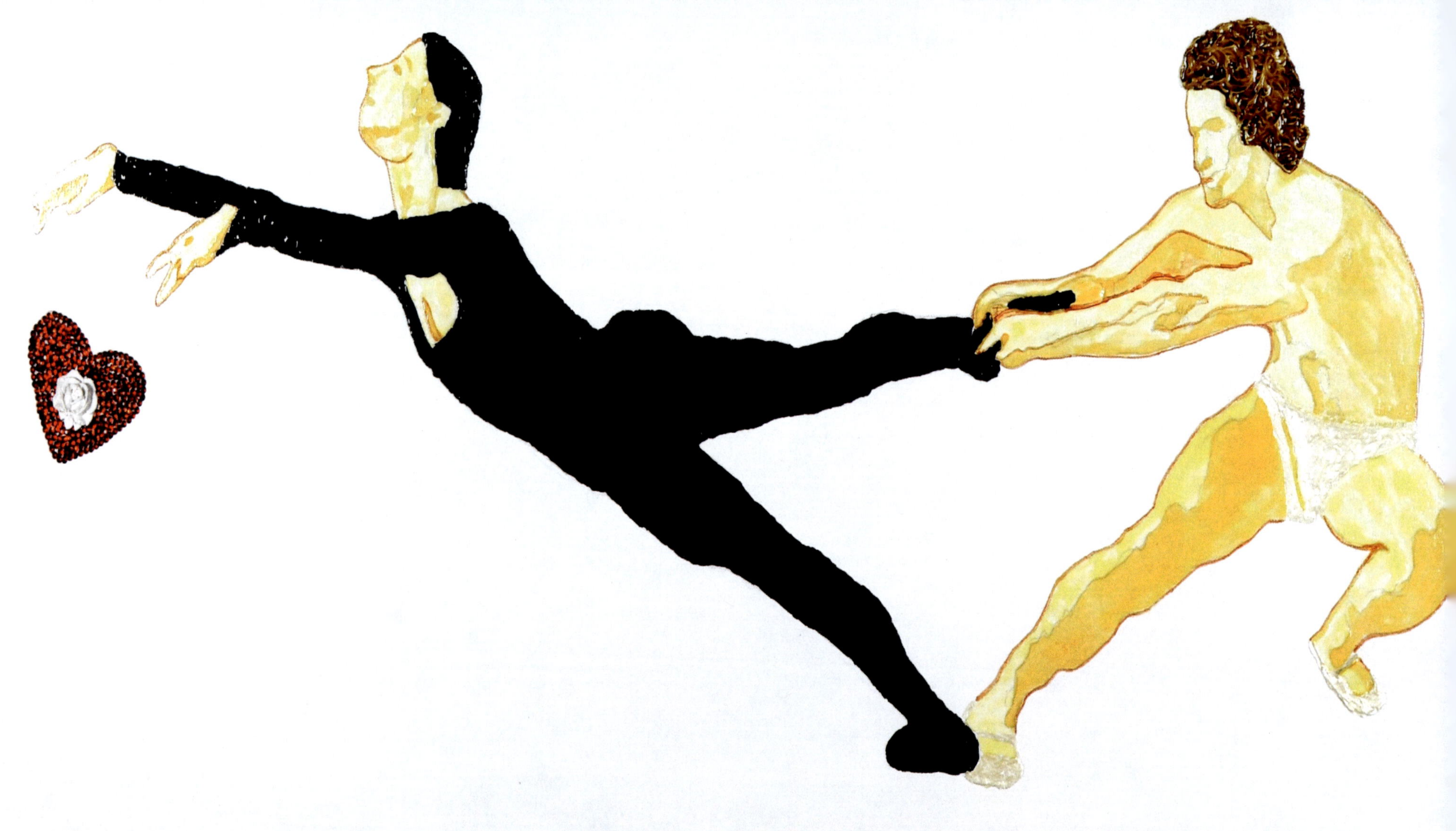

Amor no correspondido.

No puedes tener a alguien
que no está listo para ti.

El amor no correspondido
es el amor de un soñador.

Mi corazón fue tomado por ti
sin que lo supieras,
y todo lo que recibí a cambio
fue silencio.

A veces,
la persona que amas
no está destinada
a ser tu "para siempre".

Sé tan lleno de vida
que no aceptes ser
amado a medias

.

Sé lo suficientemente
fuerte para soltar,
y lo suficientemente
astuto para esperar
lo que mereces.


Puedes amarlos y
seguir adelante sin ellos.

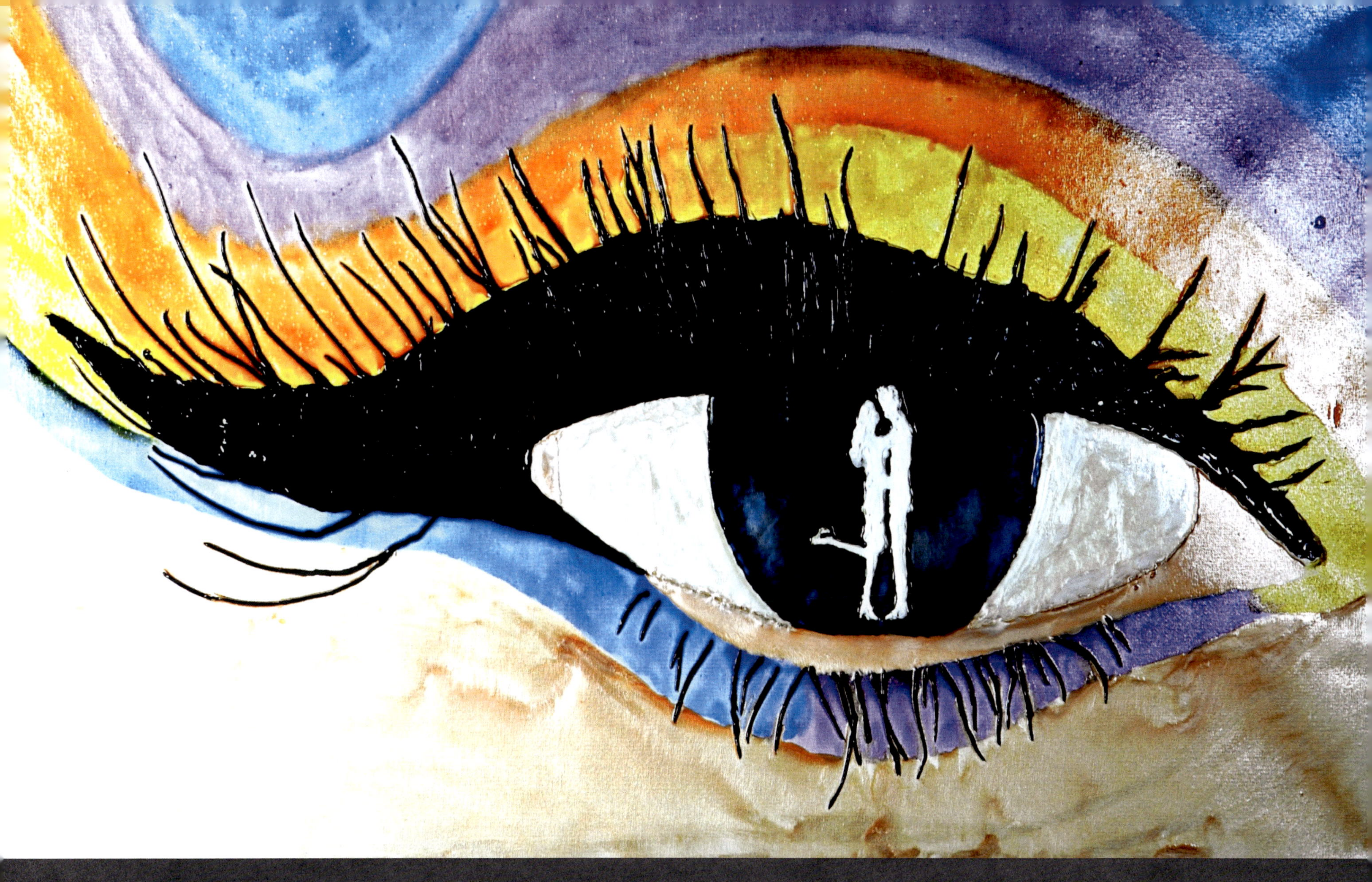


Los amantes desaparecerán,
el amor perdurará.

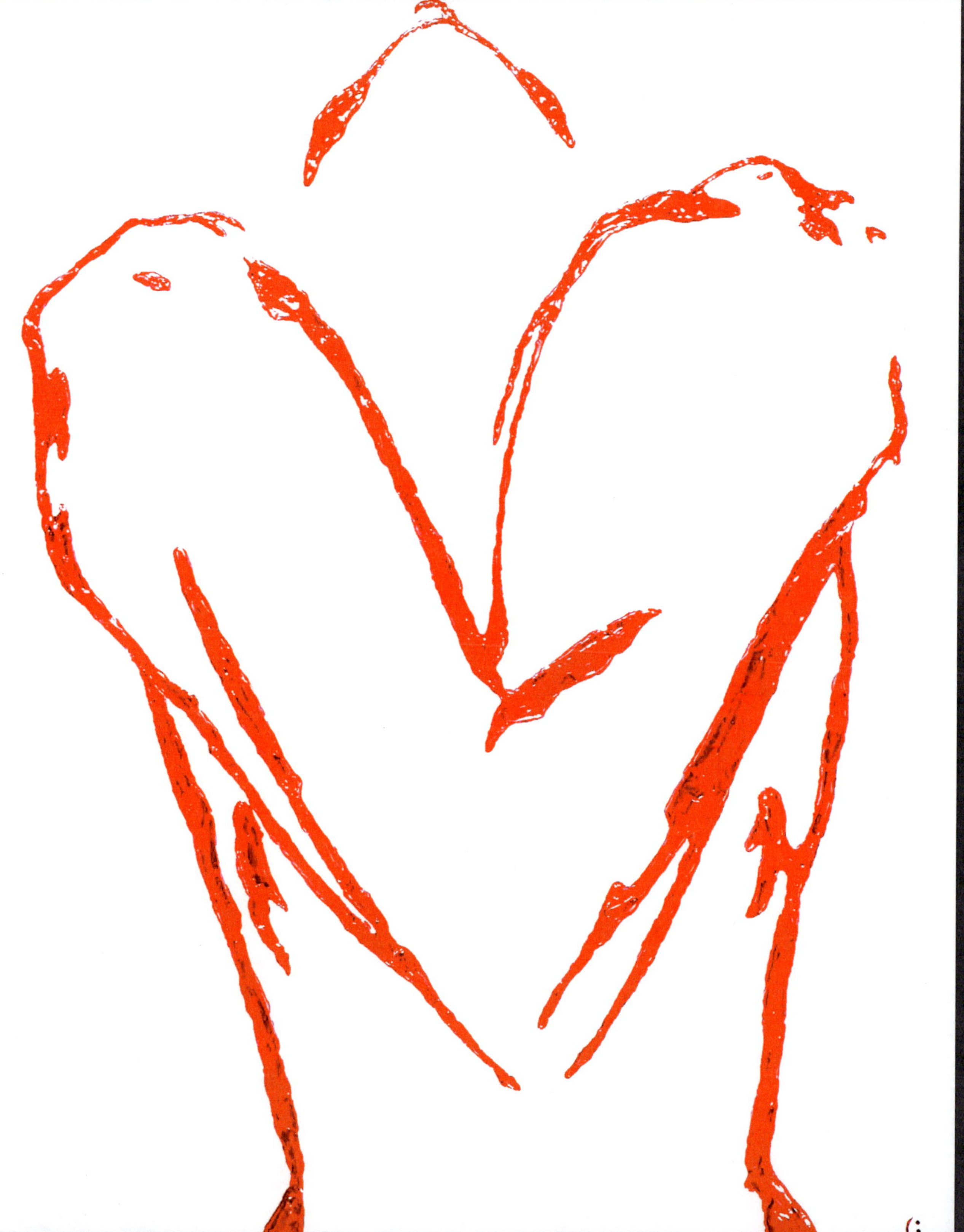

¿Alguna vez
comenzó
para ti?

Porque,
en mi corazón,
es tan fuerte.

# Contacto visual: Cómo las almas se fusionan.

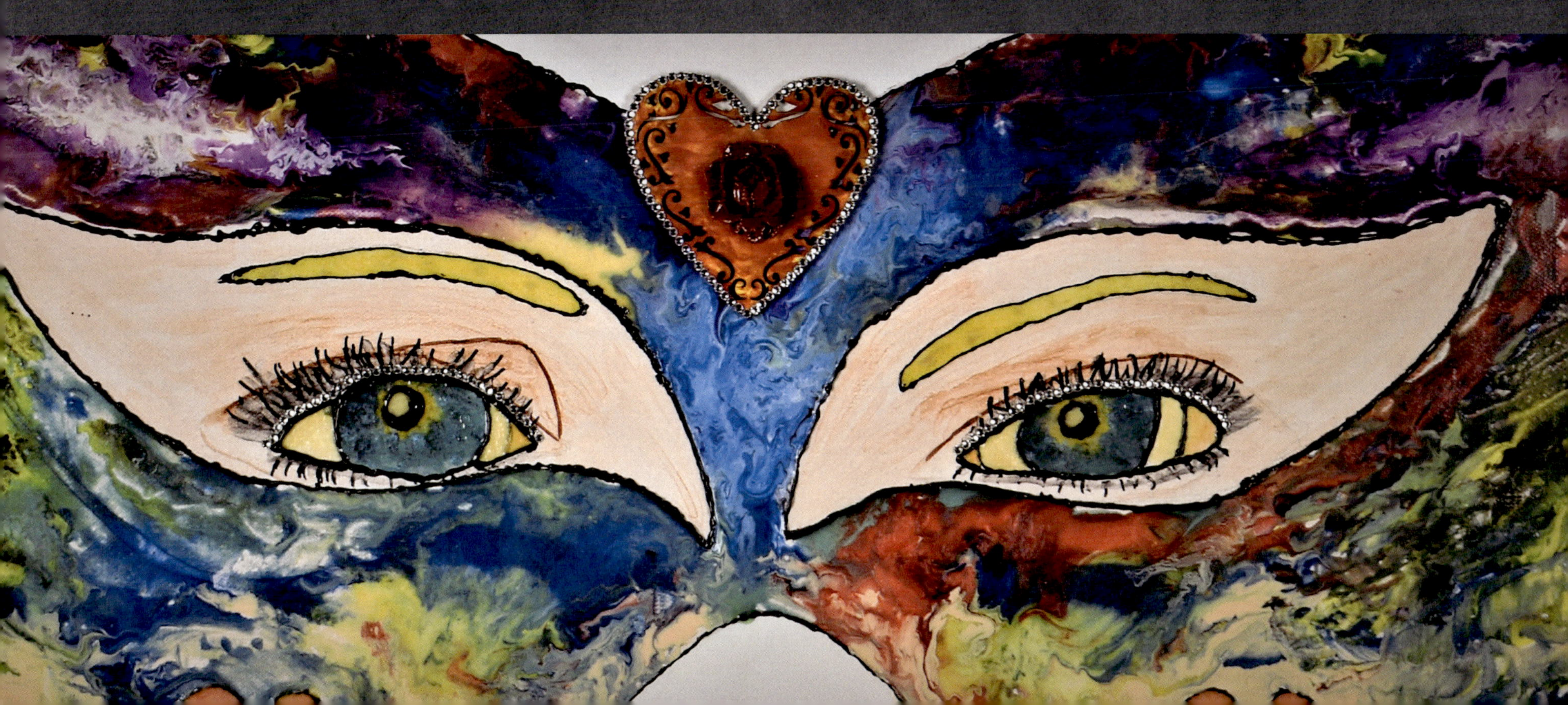

# Perder el rumbao
## a veces es normal.

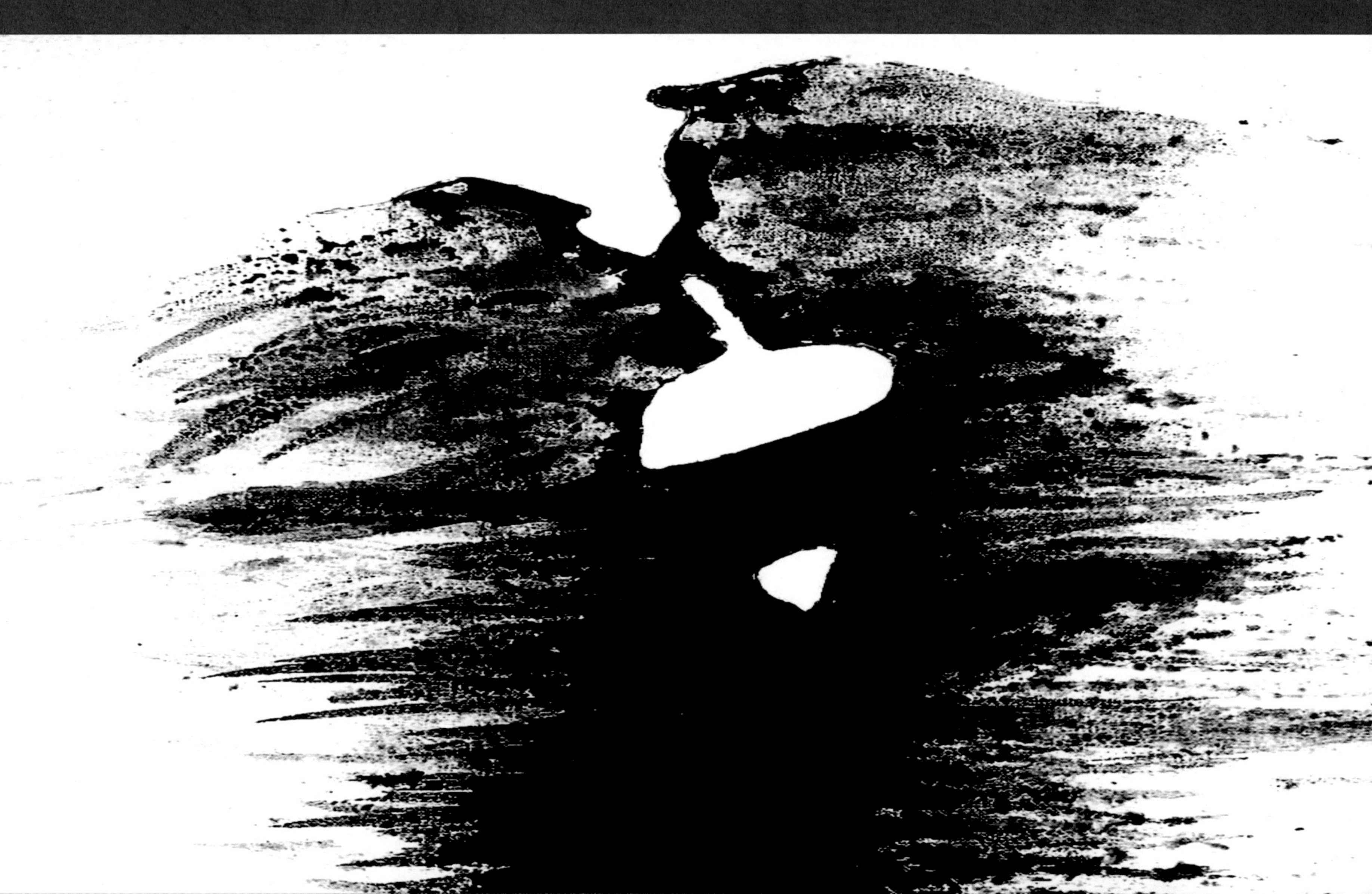

Está bien no saberlo todo
o no conocerte a ti mismo.

Está bien tener miedos y dudas,
está bien estar confundido.

Cualquiera puede sentir
que no pertenece en algún momento.

Haz espacio para las dudas,
porque suceden a menudo.

Está bien enojarse,
pero nunca está bien ser cruel.

Está bien sentirse sin ganas a veces.

Está bien no estar bien.

Solo no te quedes ahí.
Nadie nos salva excepto nosotros mismos.

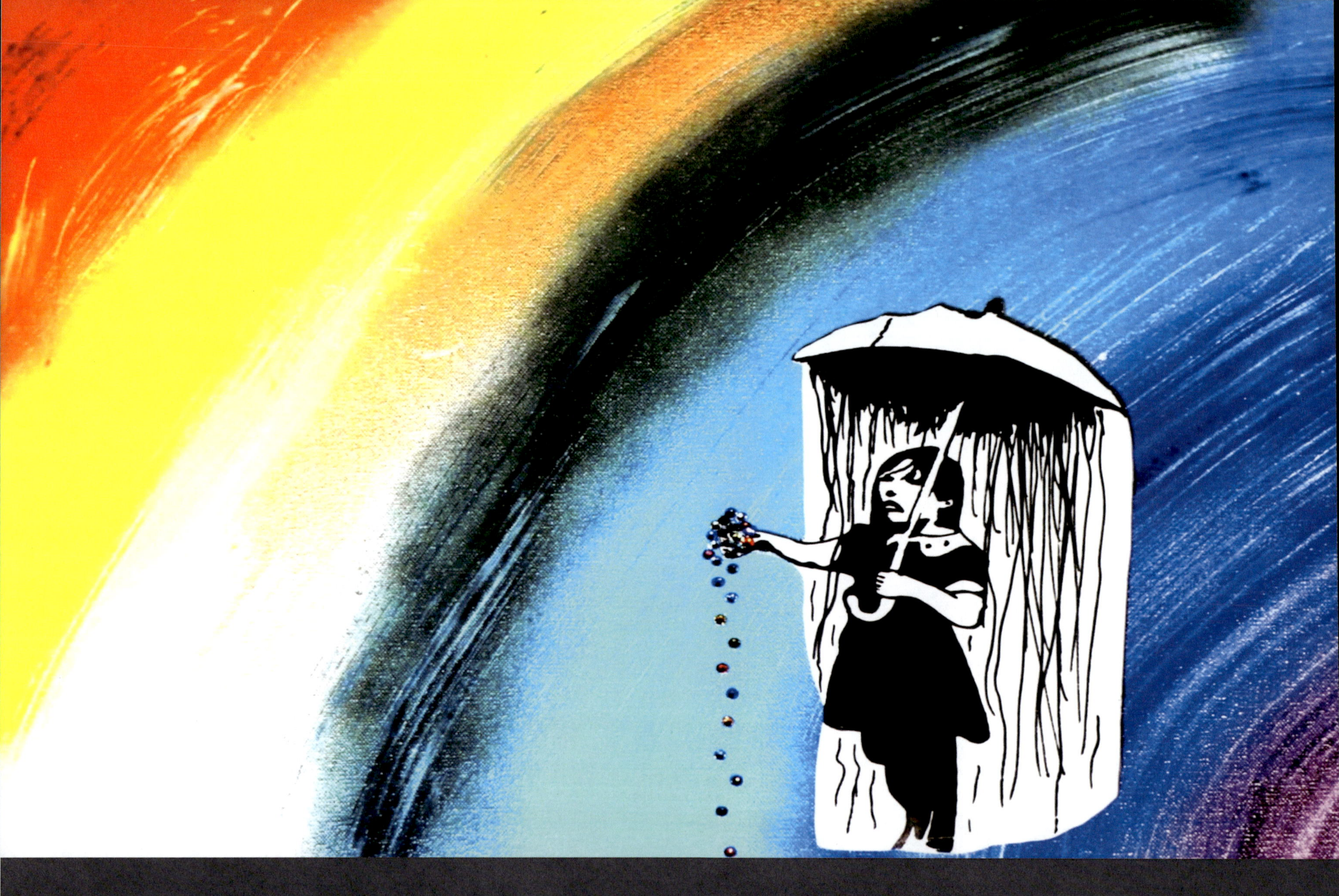

# El bully interior

No dejes que
el mayor desaliento
en tu vida seas tú.

Lo que consume tu mente
controla tu vida.

Detén el parloteo negativo
en tu menta;
no más pensamientos negativos.

Tu pasado no te define.

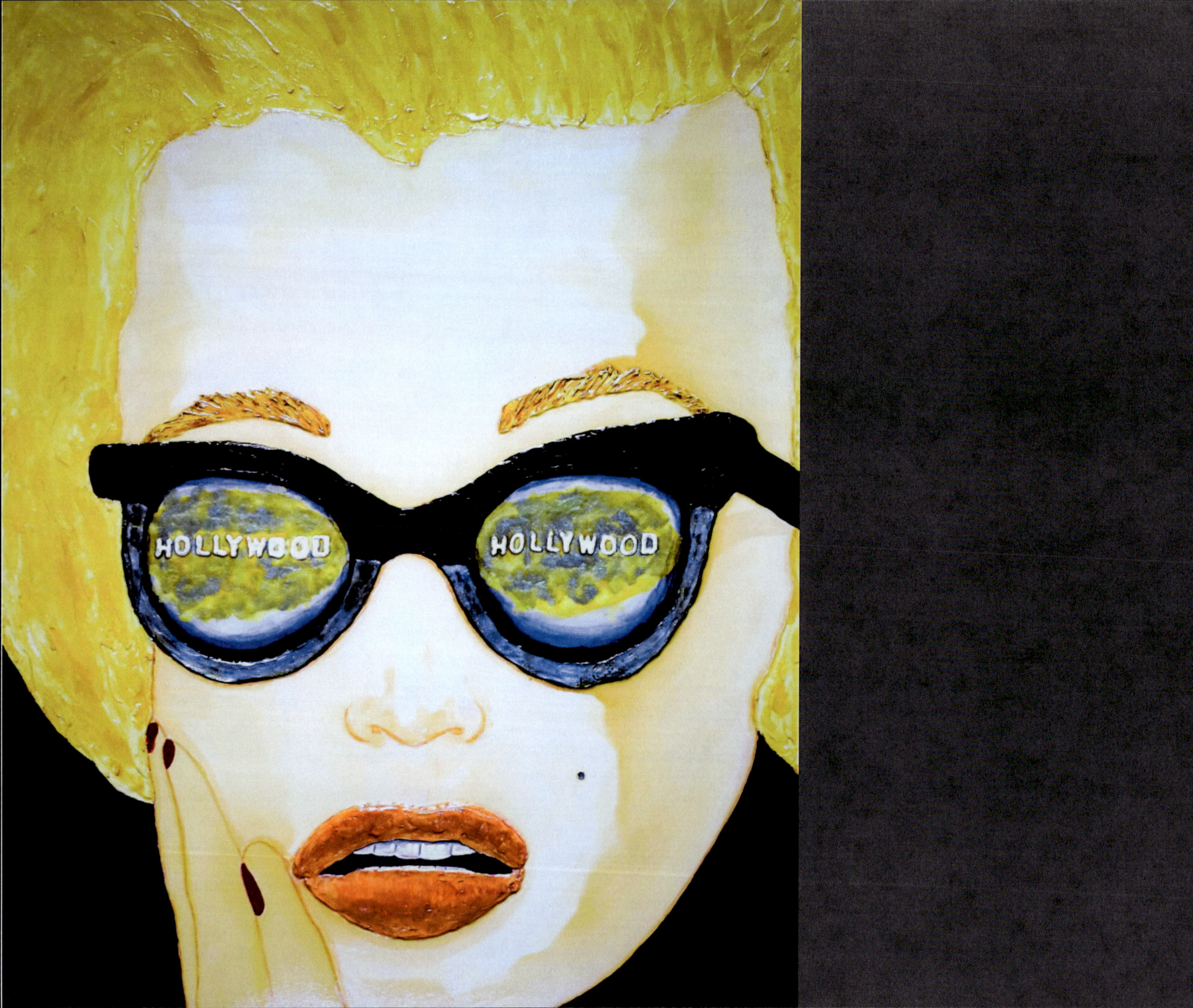

HOLLYWOOD
HOLLYWOOD

Mantener la calma
es realmente poderoso.

Ve más lento por dentro.

Encuentra la calma en el caos.

Una mente tranquila
puede percibir
la intuición sobre el caos.

La paciencia contigo mismo es Fe.

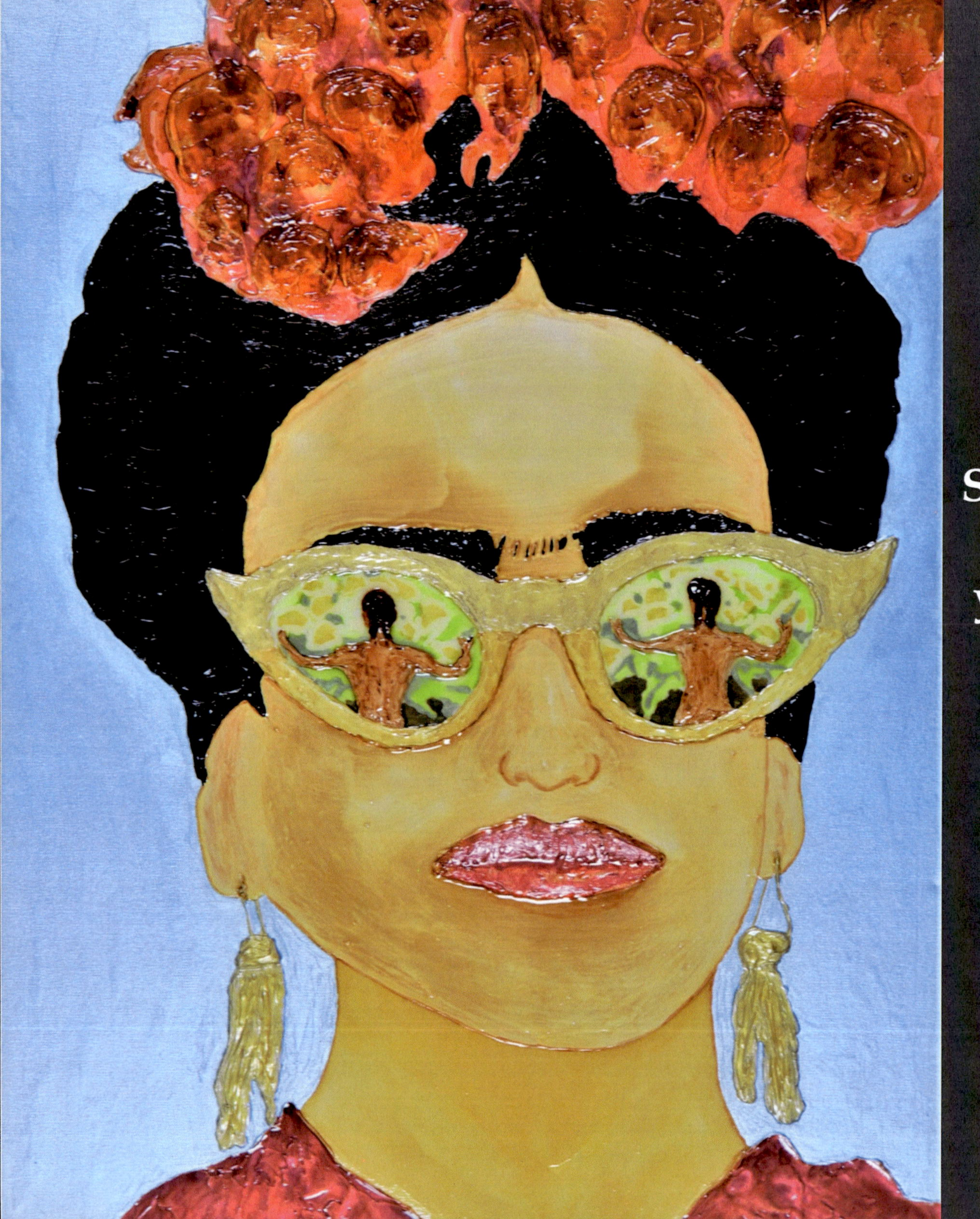

Sé tan lleno
de vida que
no aceptes
ser amado
a medias
.
Sé lo suficientemente
fuerte para soltar,
y lo suficientemente
astuto para
esperar lo
que mereces.

Puedes amarlos
y
seguir adelante
sin ellos.

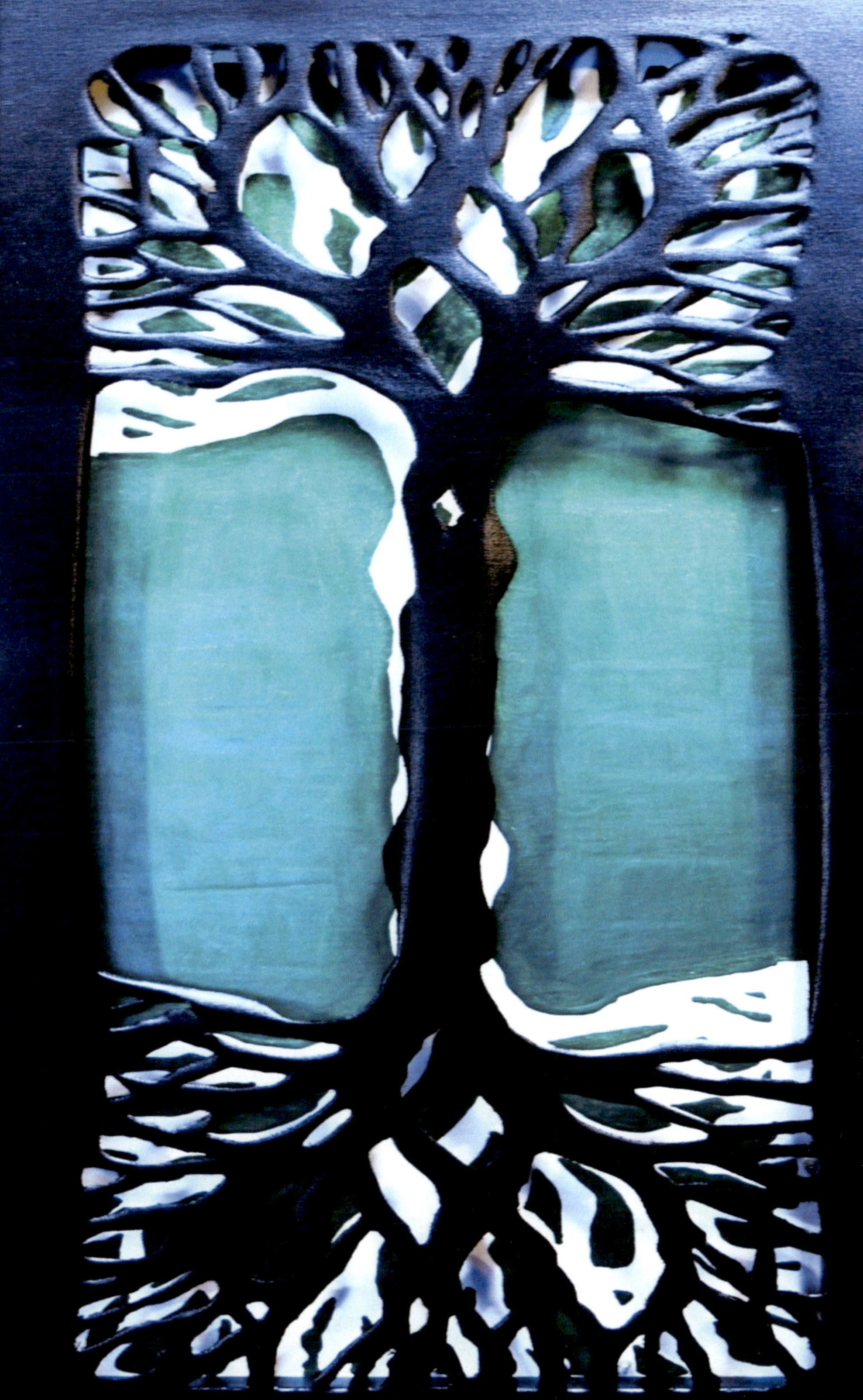

Sé tan lleno de vida
que no aceptes
ser amado
a medias
.
Sé lo suficiente-
mente fuerte para
soltar,
y lo suficientemente
astuto para
esperar lo que
mereces.

Puedes amarlos
y seguir adelante
sin ellos.

Nuestras luchas
desafían nuestra mente.

Como humanos, luchamos,
nos fortalecemos.

Los obstáculos
nos dirigen
hacia nuestro
verdadero camino.

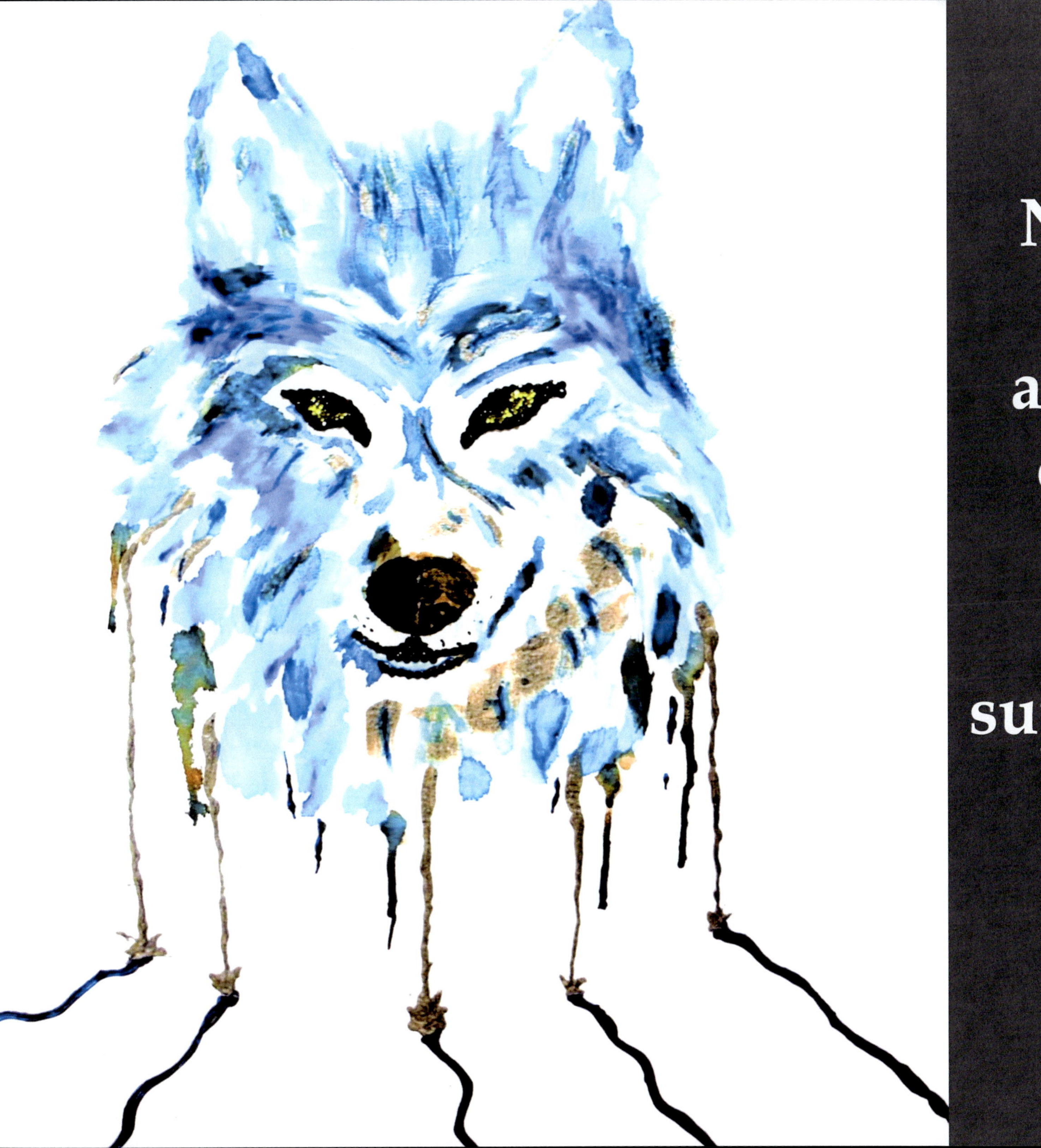
Nuestro
poder
aumenta
con las
luchas
que
superamos.

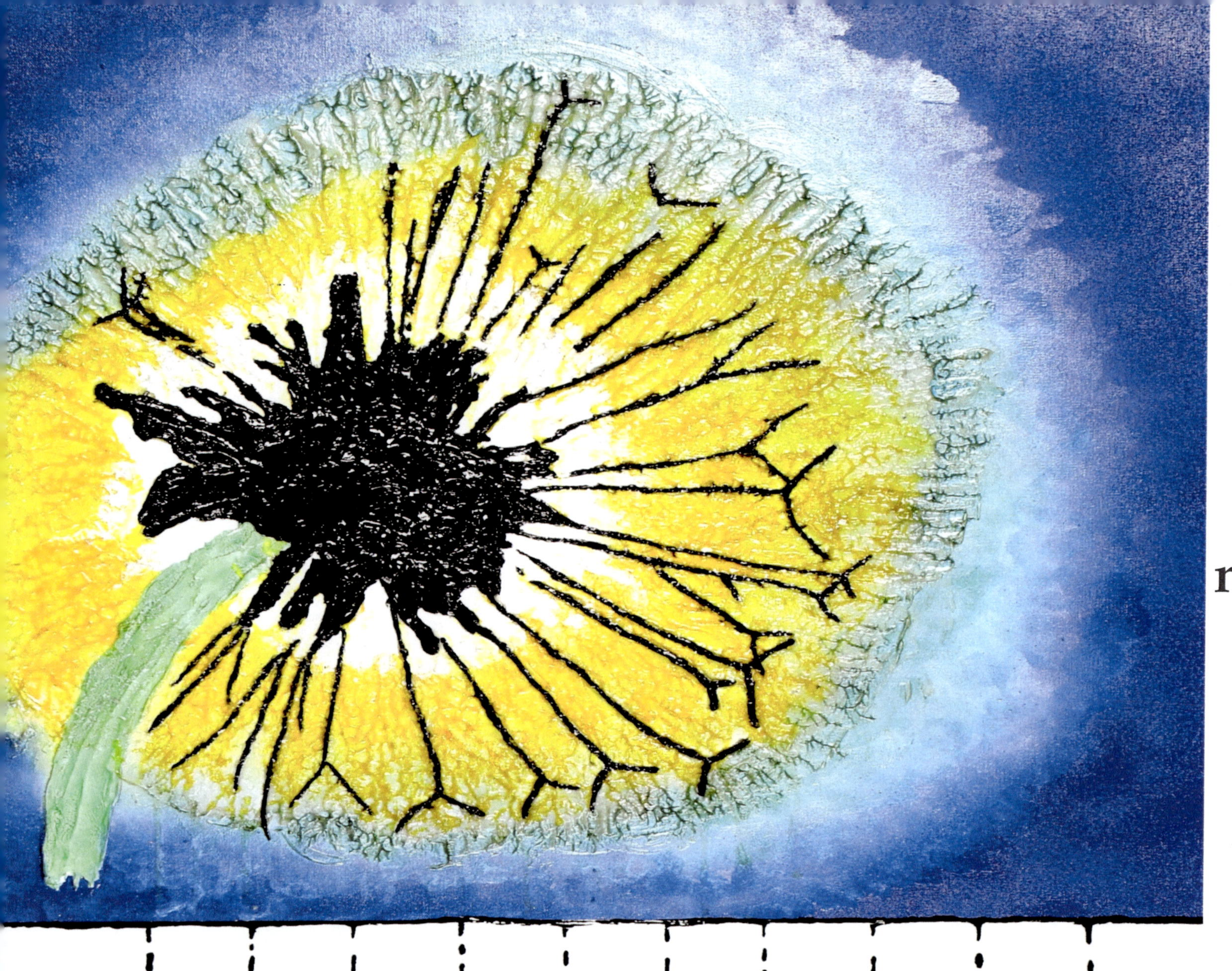

Toma
lo
que
necesites.

Deja que tus palabras sanen,
no que dañen.

Sé conocido
por tu gentileza y gracia.

Hay una porción
de amor divino en ti,
exactamente como eres
en este momento,
con todos tus defectos,
heridas y tu verdadero ser.

A veces, la persona
que debemos sanar
somos nosotros mismos.

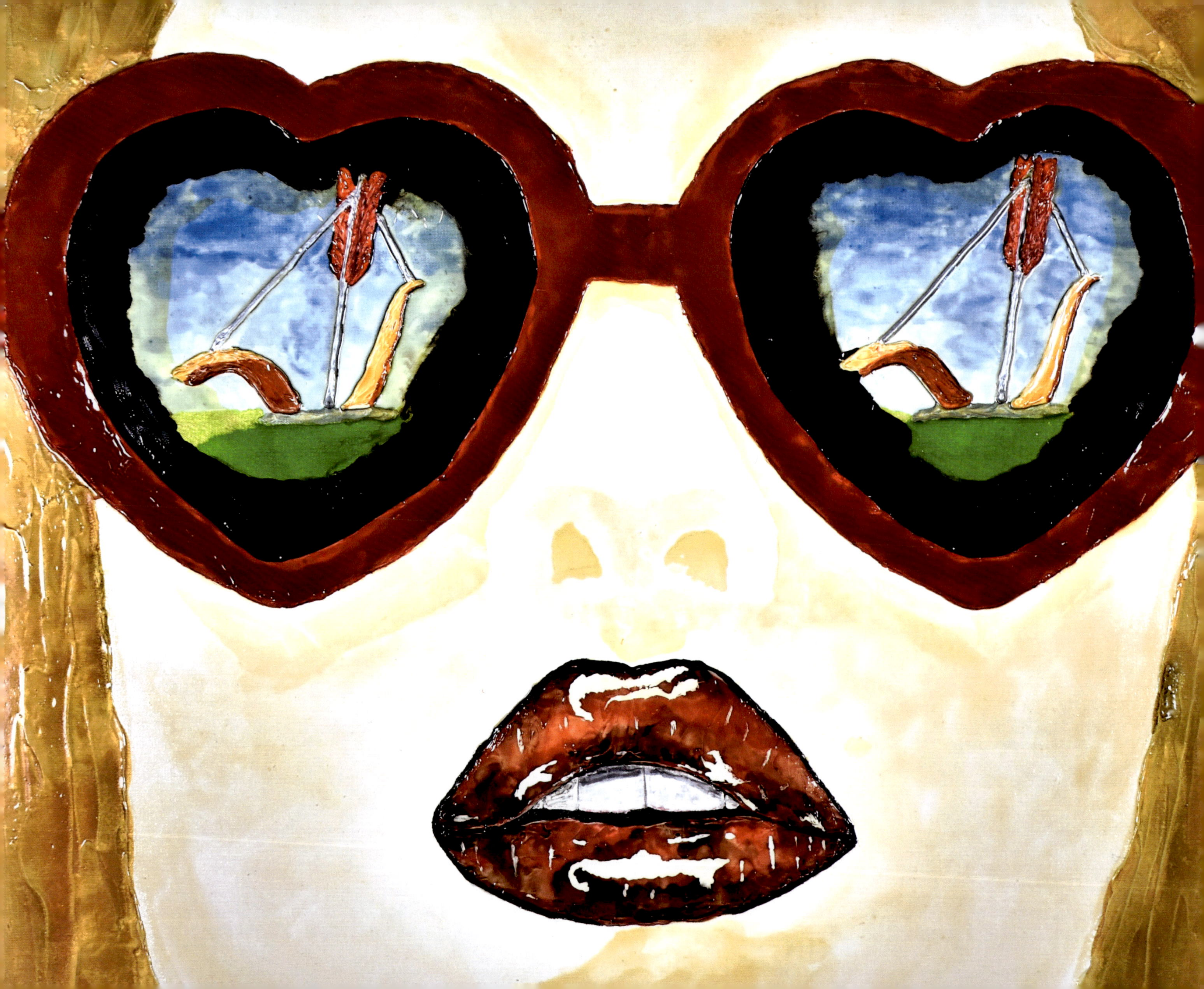

Es nuestra luz,
no nuestra oscuridad,
en lo que debemos enfocarnos.

Estás aquí por una razón.
Deja que tu luz brille.

Ámate a ti mismo
tanto como amas
a los demás.

Siempre habrá alguien
que no vea tu valor.
No permitas que ese

Espera con ansias
el esfuerzo que te hace mejor,
y hazlo con una sonrisa.

El día que dejes de
intentar aprender
es el día que
comienzas a vivir
el resto de tu vida
como un sonámbulo.

Todos tienen talento.

Algunos nunca intentan
descubrir cuál es.

# Nuestro poder aumenta con las luchas que superamos.

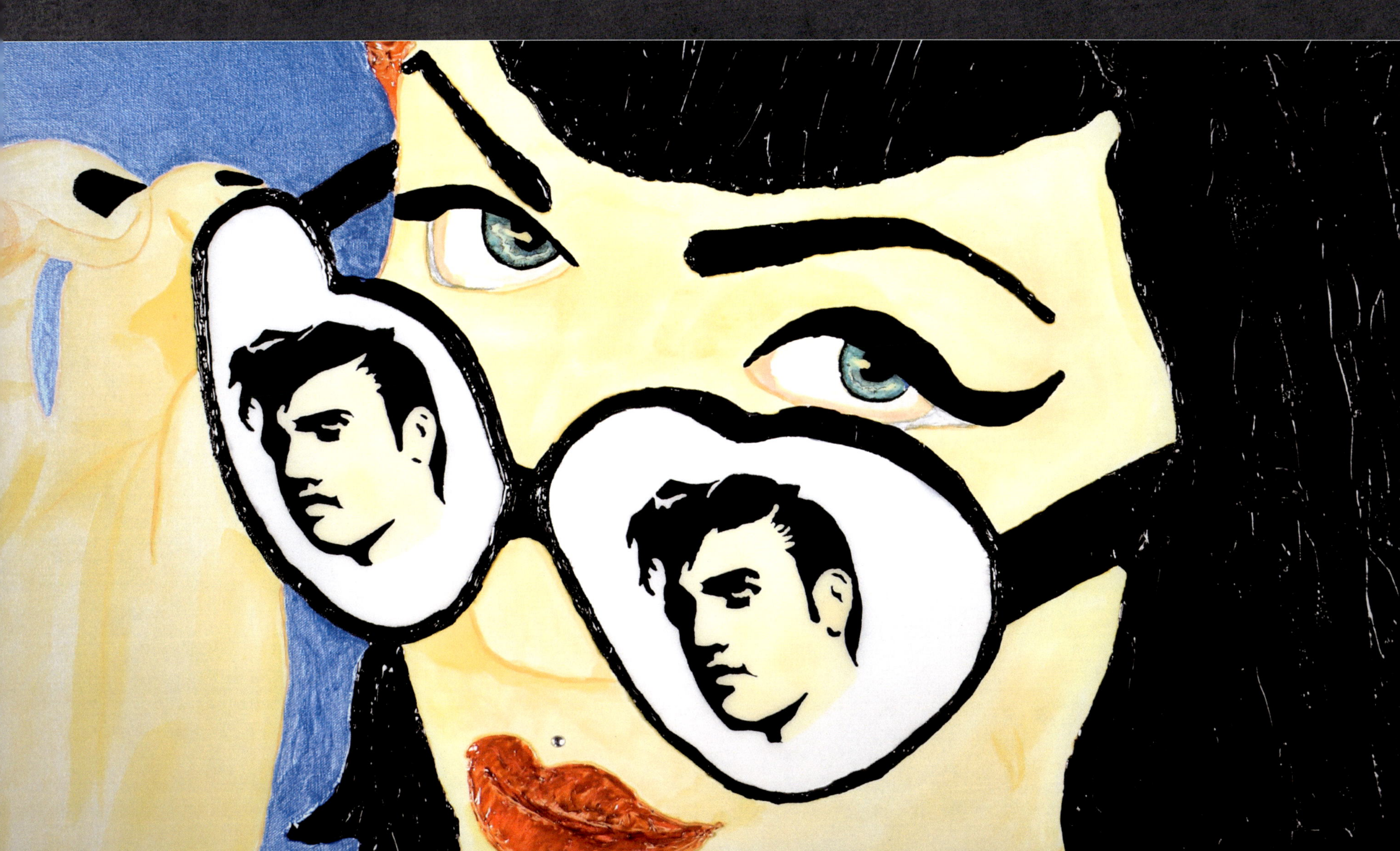

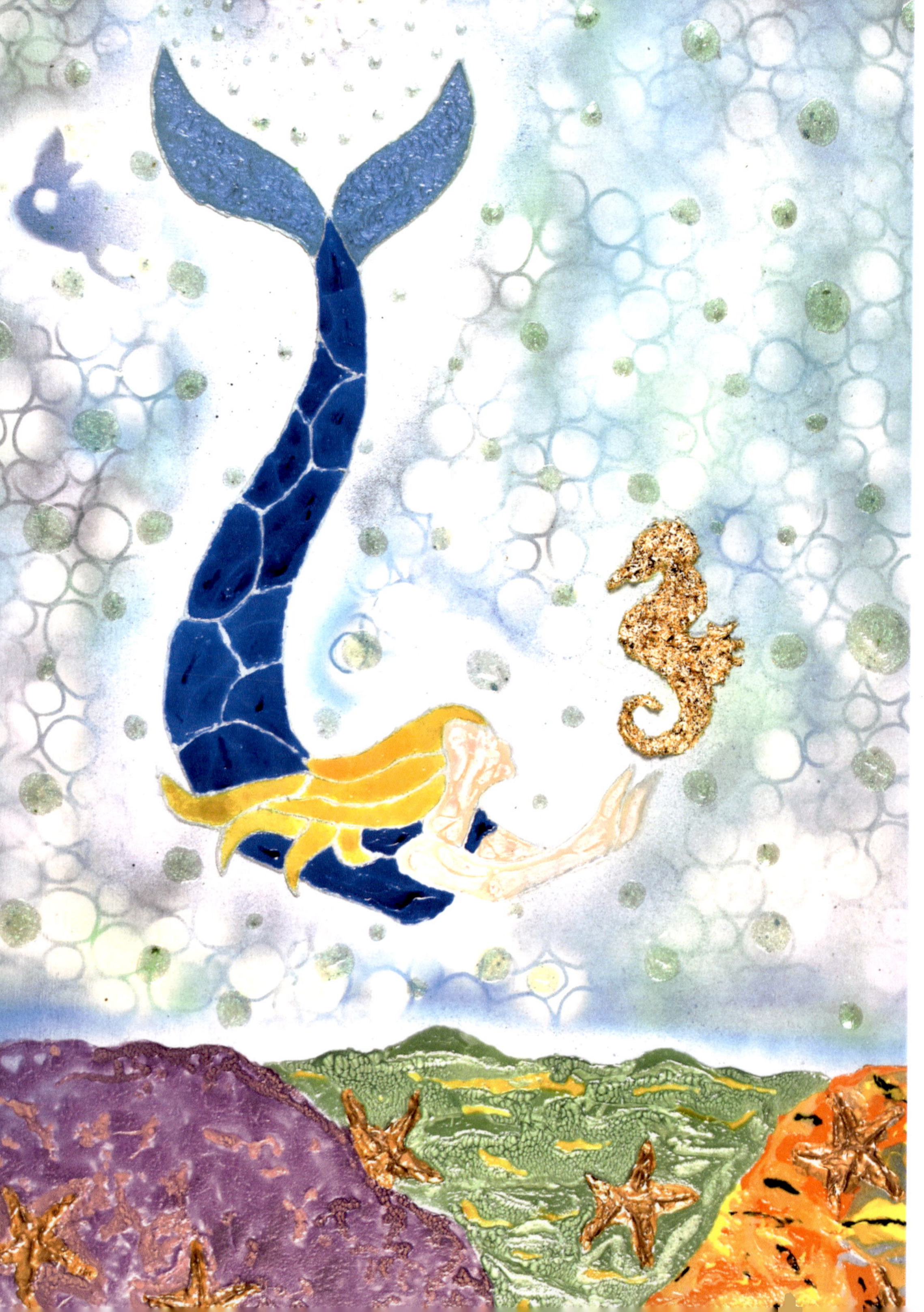

Compasión.

Comienza con compasión
por ti mismo.
Porque todos somos imperfectos.

Trae alegría a tu vida
siendo comprensivo
con tus seres queridos.

Muéstrale a otra alma
que hay amor por encontrar.

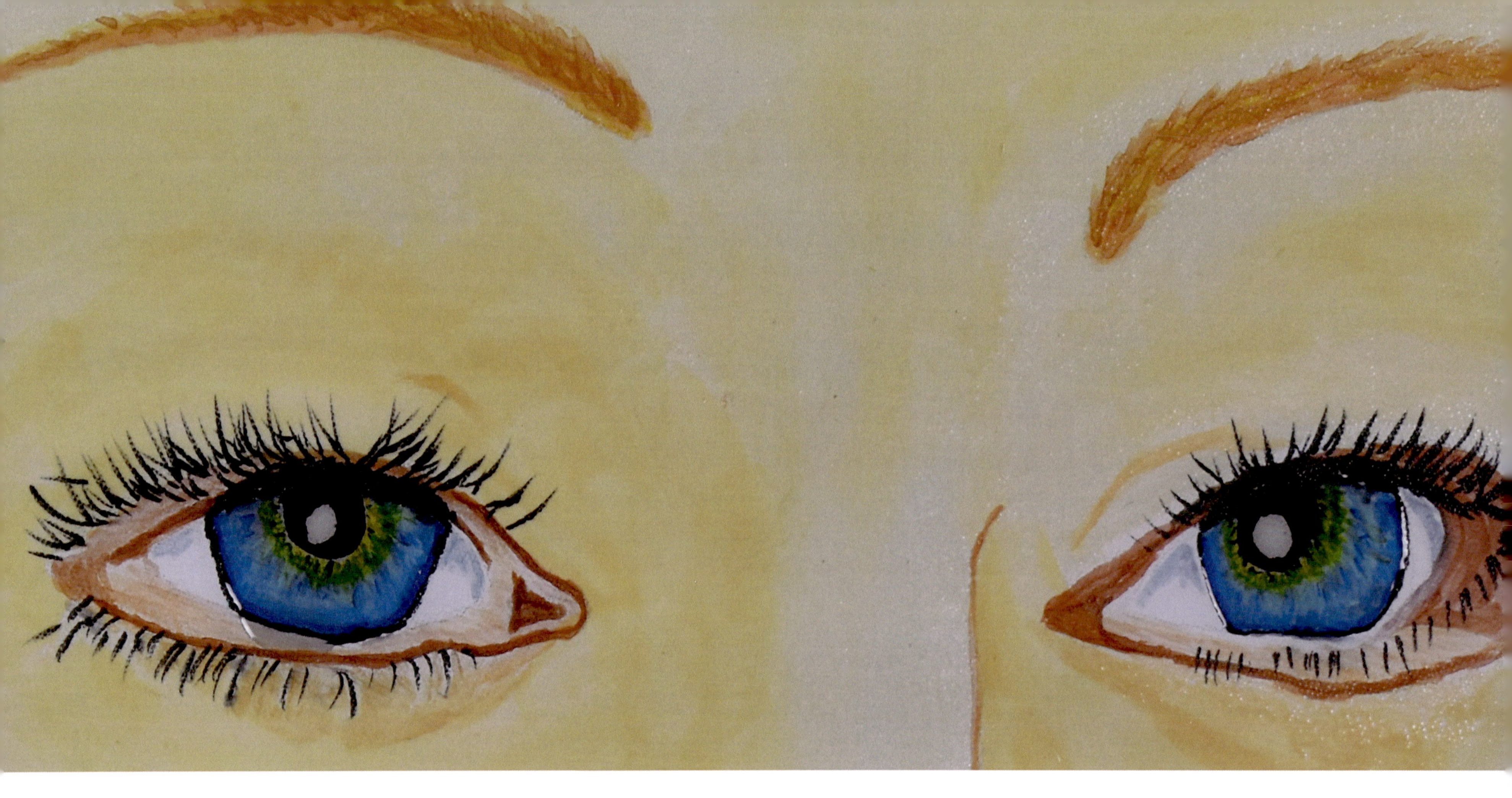

# Amabilidad.

Si puedes ser cualquier cosa,
sé amable.

Las pequeñas amabilidades
nos hacen humanos.

Demostrar amabilidad
en este mundo
es fortaleza.

Mantener la calma es
realmente poderoso.

Ve más lento por dentro.
Encuentra la calma en el caos.

Una mente tranquila
puede percibir
la intuición
sobre el caos.

La paciencia
contigo mismo es Fe.

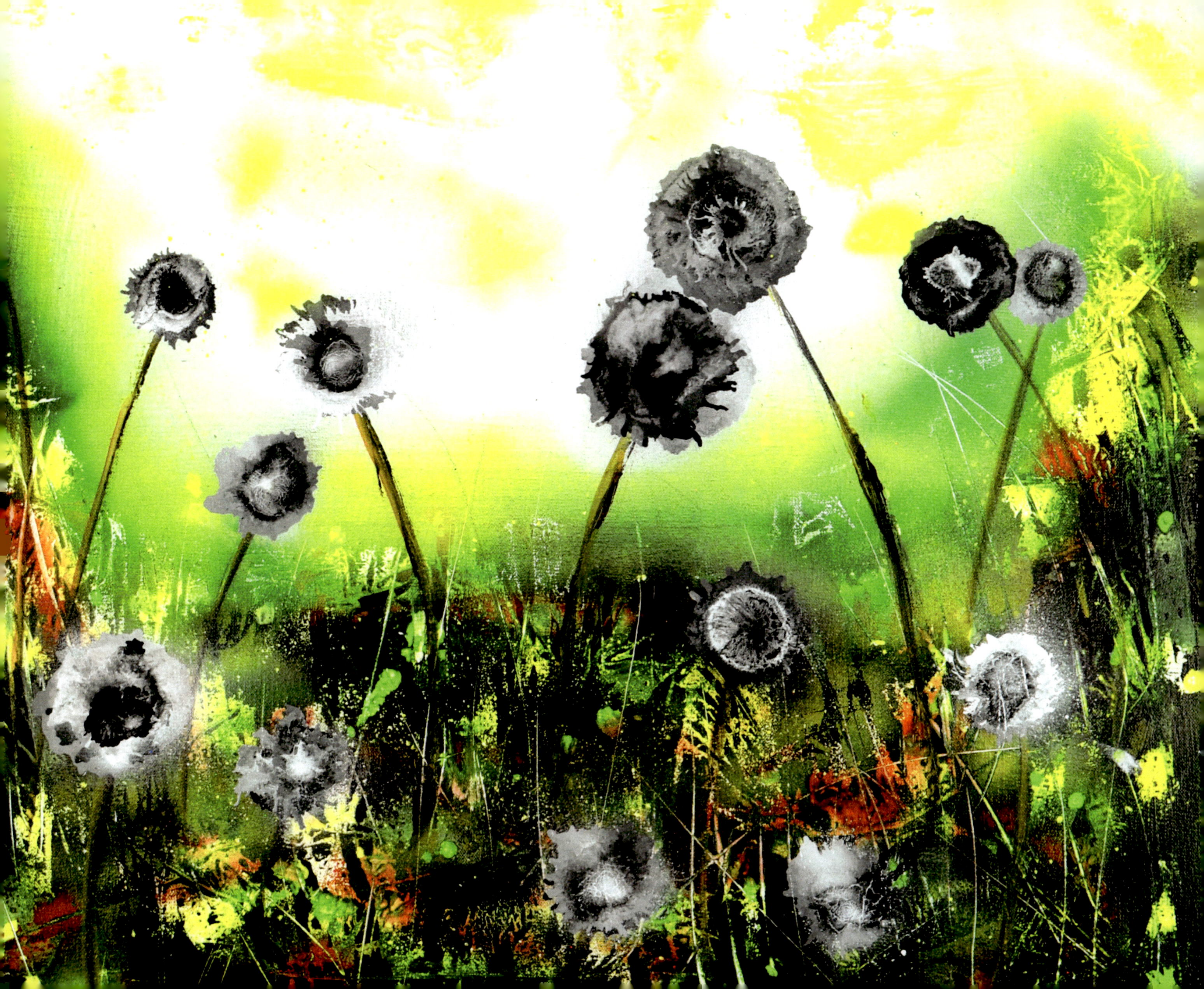

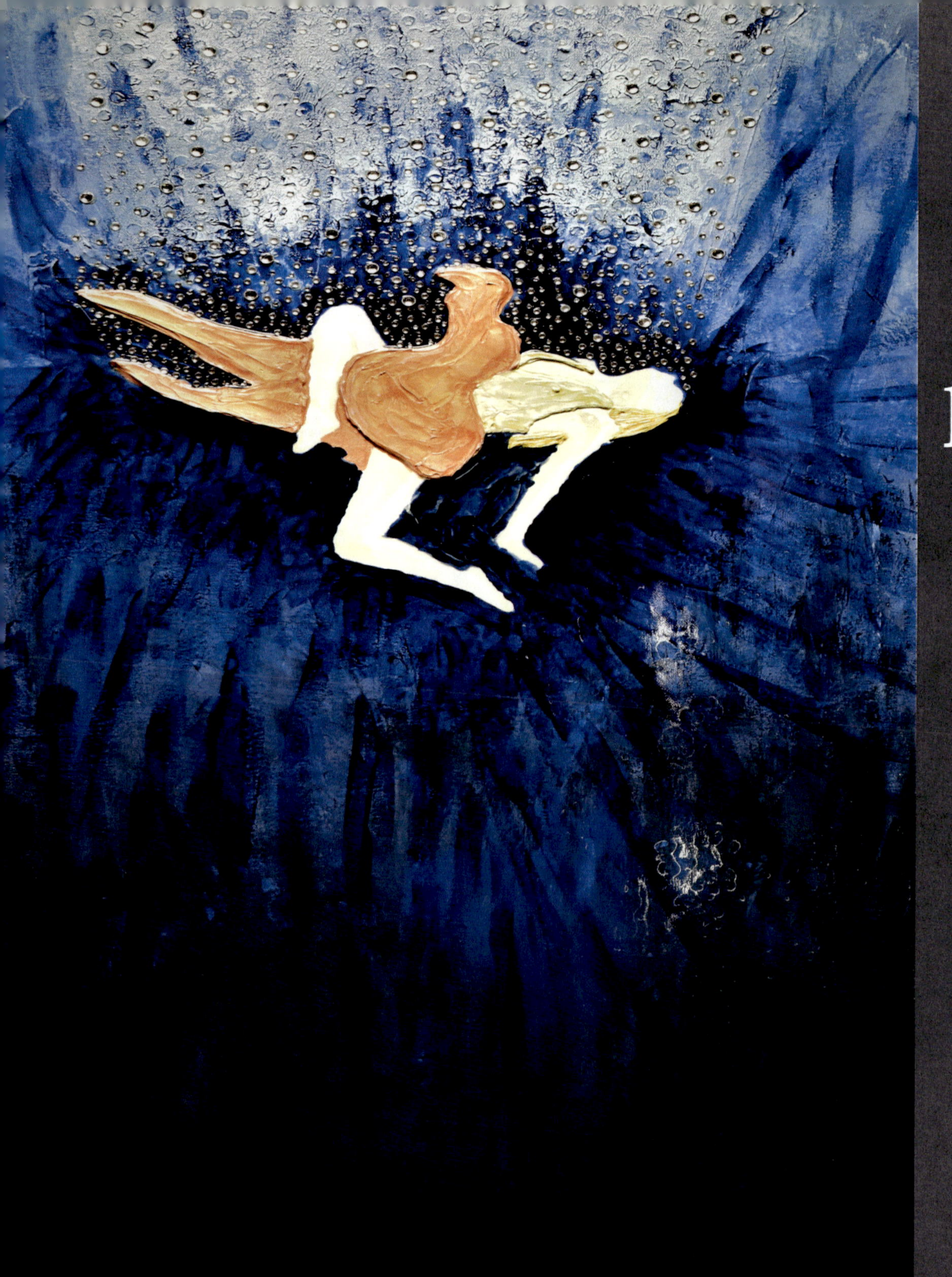


Fe:

No importa
la oscuridad,
todos
llevamos
un poco
de luz
divina
dentro de
nosotros.

La fe permite
el perdón fluido.
Hay alegría y libertad ahí.

Permite que tu fe sea
más grande
que tus dudas.

No hay suficiente espacio
en tu mente para
la ansiedad y la fe;
Debes decidir
quién vive allí.

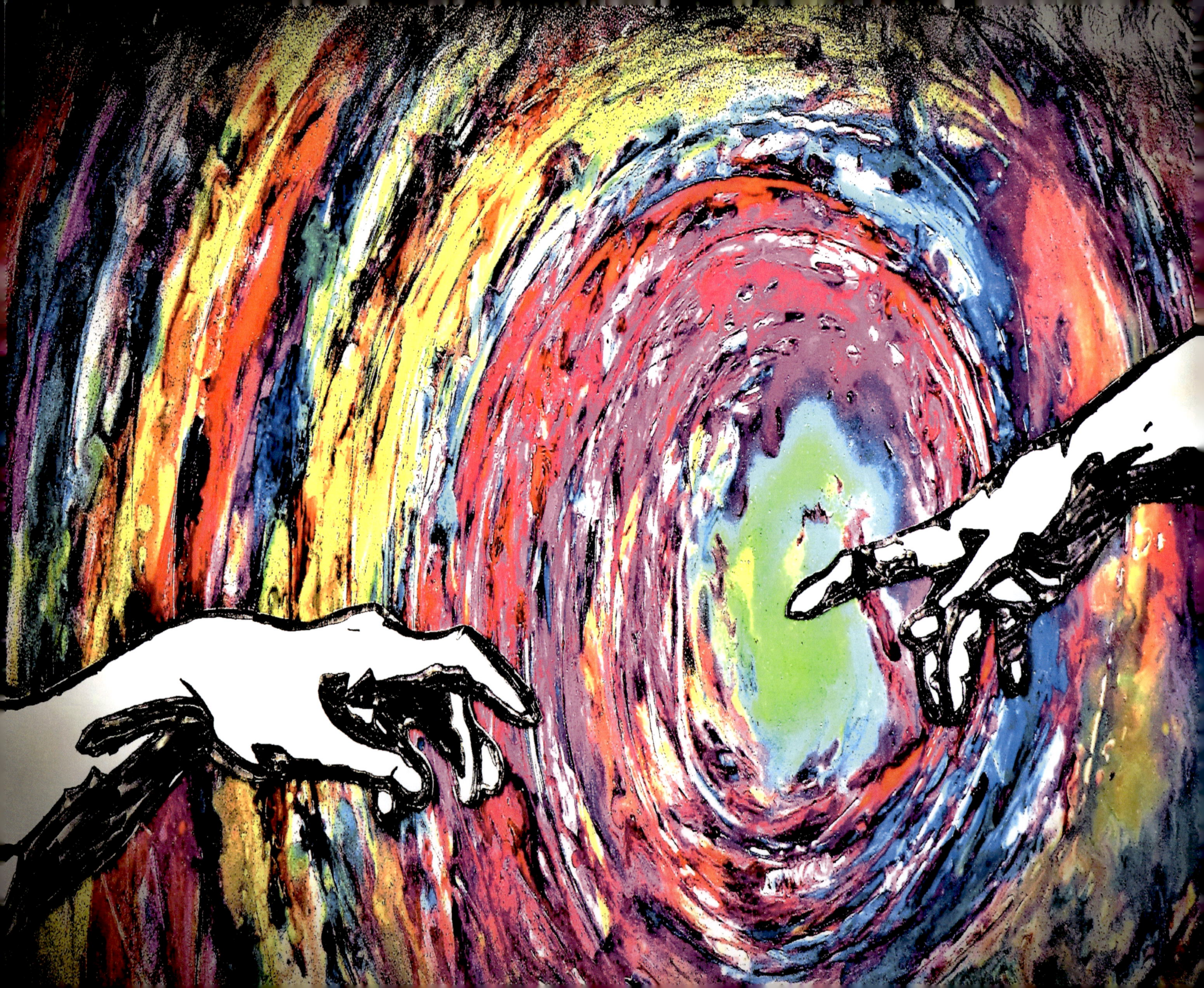

# La vida es una serie de miles de pequeños milagros.

Nota.

Tenemos demasiadas
bendiciones
para ser ingratos.

Los momentos mágicos
están por todas partes;
una simple conversación
o un sentimiento
pueden ser mágicos.

La batalla interior termina
cuando estás agradecido.

# Si no crees en la magia, nunca la percibirás.

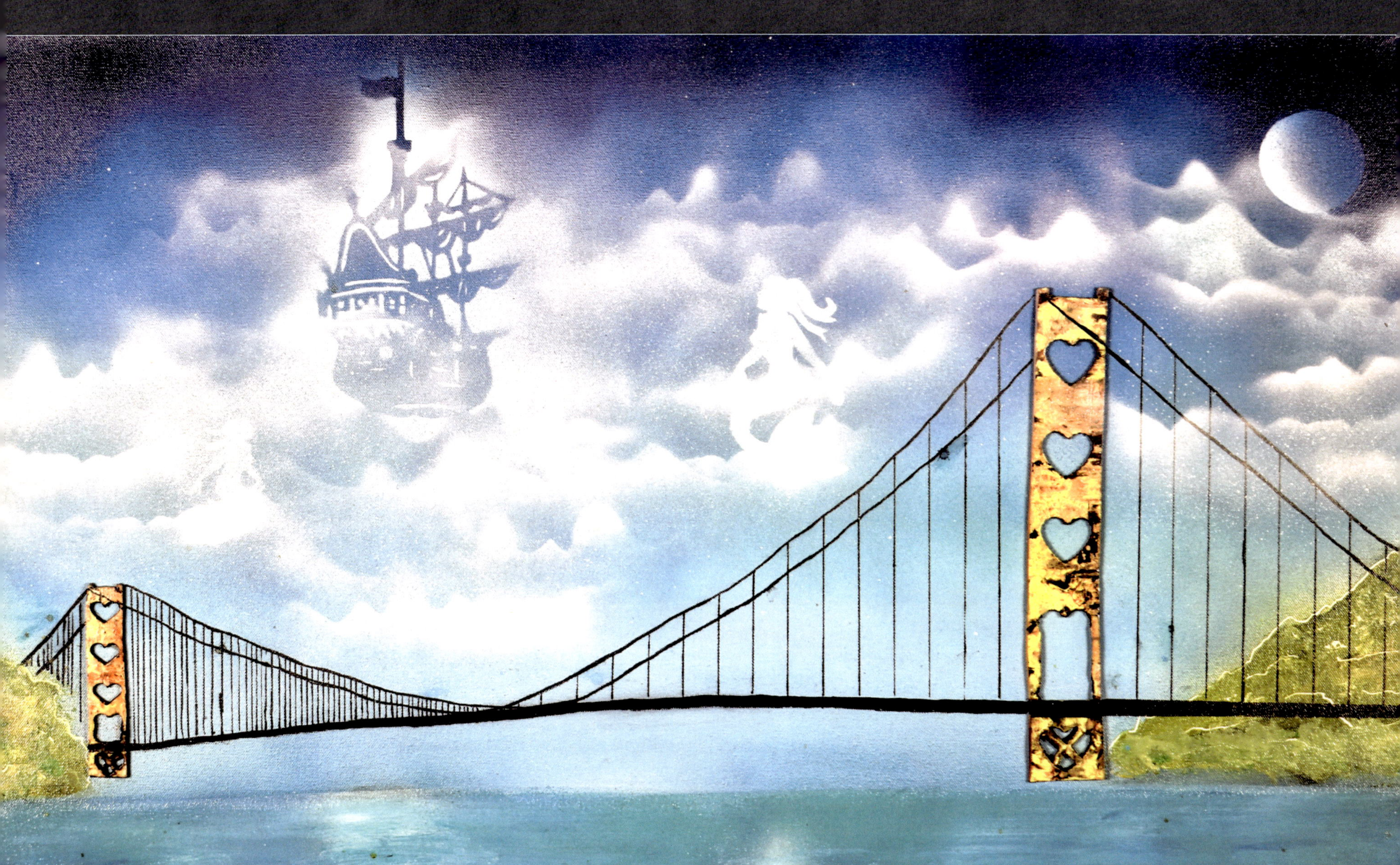

Sé observador,
pero sé fiel
a la versión de ti mismo
que has elegido ser.

Sé al elegido.

No siempre le caerás
bien a todos,
y no debería importarte
si lo haces.

Hay magia en no darle importancia
ha todas las cosas.

Relájate.

Se tranquilo y encontraras la paz.

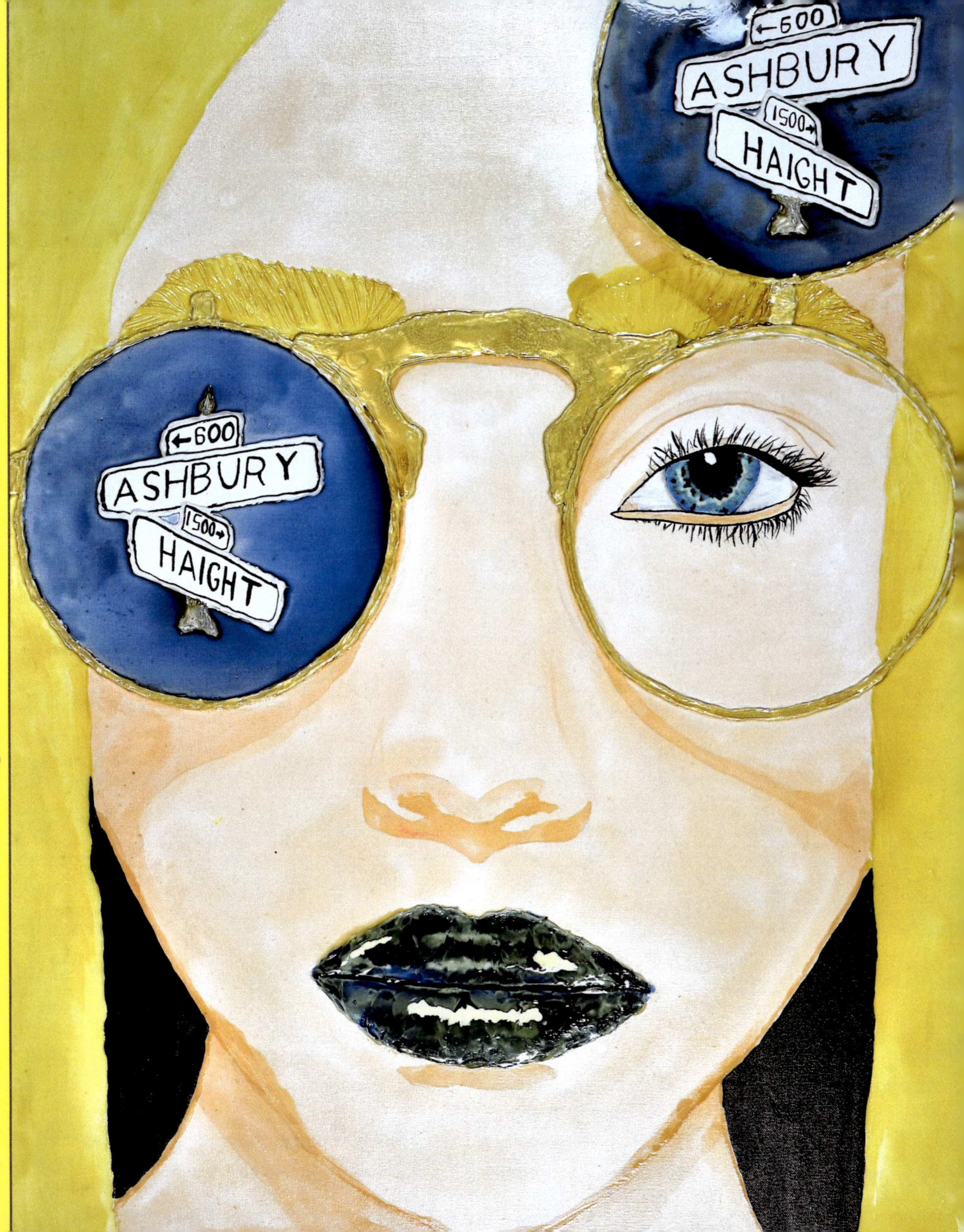

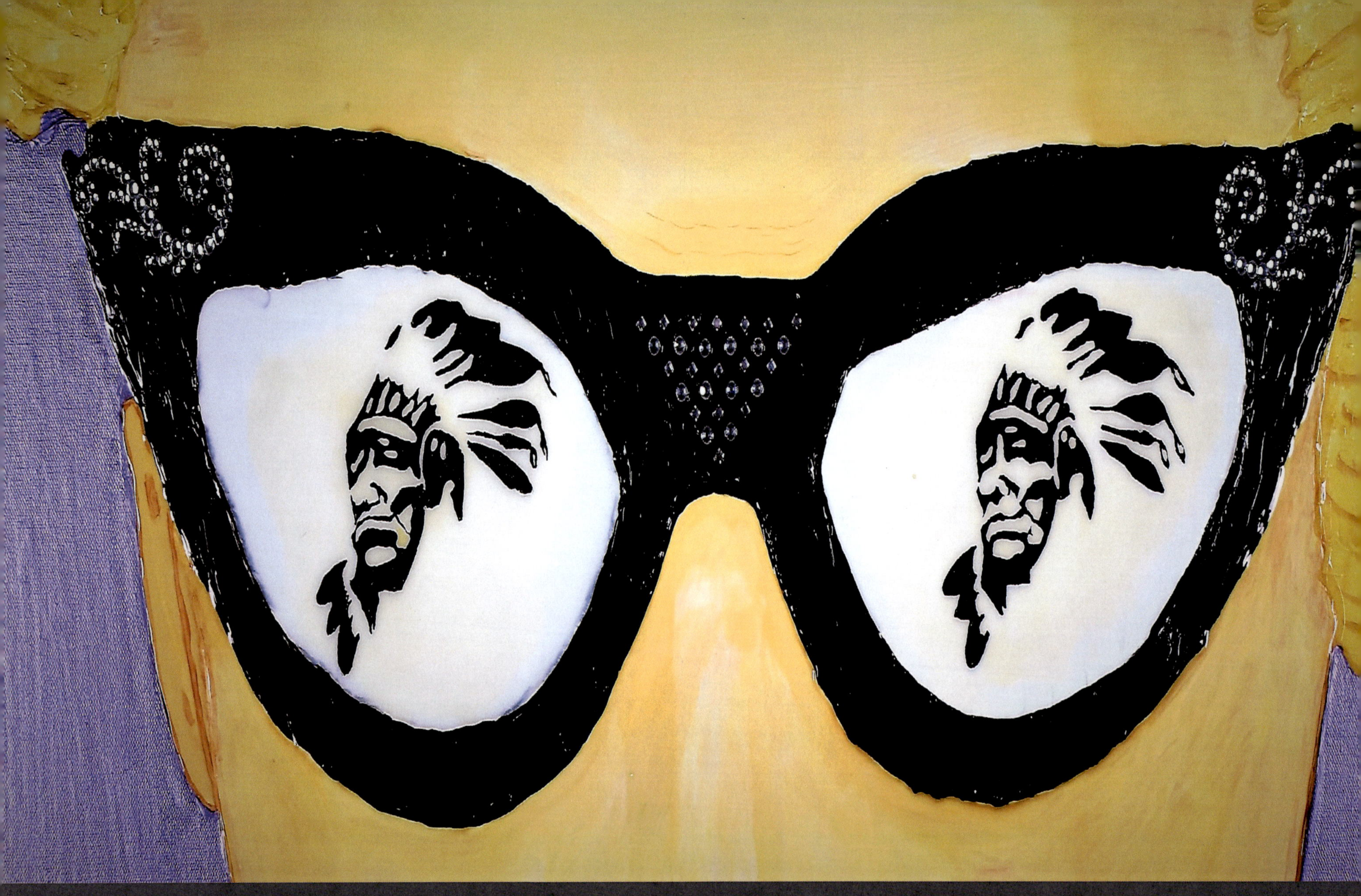

Elige ser un guerrero.

Es tu elección
cómo vivir el resto
de tu vida.

Tus decisiones
decides  tu VIDA.

Cada día es
una nueva
oportunidad para
convertirnos en
una mejor versión
de nosotros mismos.

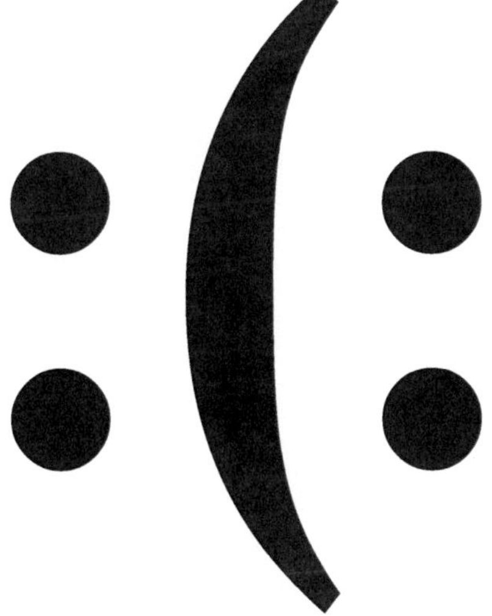

Tú eliges.

Gracias
Jo Ann Jonas - Debra Benton
Tina, Avel, Michele
Maria, Jerry, Rosa, Kurt, Francie, Sergio, Miguel,
Hilda, Angelina, Veronika, Marisela, Adriana, Mikey, Athena,
Daphne, Luna, Michael, Loreen, Jerry, Kyle, Randy, Dennis,
Cindy, Marnell, Jimmy, Norma, Dan, Tracy, Karen, Rick, Debby, Chris, Sean, Kurt,Jamie, Kevin, Anne, Lane, Connie, Karen,
Rick, Kathy, Evelyn, Tammy,
Stacy, Angelica, Jaime,  Kathy, Lauren, Alejandra,Naquilo,
Maria and Jesus.


THANK YOU – EL CHARRO AVITIA
Bishop, Calif.


Art encourages us to imagine and anticipate
a better Self, community, and world.


Miguel Antonio Avitia

AMUZED ART LLC

selfregard@yahoo.com
amuzedart.com   selfregards.com

ISBN 9780999697863

Library of Congress
Control Number:  2018900462